Inhalt

Einleitung

Seit ihren Anfängen als improvisierende, auf dem Blues basierende Psychedelic-Band mit Single-Pop-Hits bis zu der Phase, in der fast jeder Journalist sie fälschlicherweise als „Electronic-Rocker" bezeichnete; von der allgegenwärtigen *Dark Side Of The Moon* bis zur Tatsache, dass sie die erste Band waren, deren Musik im Weltraum gespielt wurde; vom Verlust nicht nur eines, sondern gleich zweier wichtiger Bandmitglieder bis zur Tour durch 200 Stadien; von einem Unterwäschedieb und „Several Species Of Small Furry Creatures Gathered Together In A Cave And Grooving With A Pict" bis zum Glanz und Fluch von *The Wall*: Pink Floyd sind immer größer, besser und mutiger gewesen als alle anderen.

Als Pioniere der Lightshow, der Konzerte mit Quadrophonie-Beschallung, der theatralischen Bühnenshows und unzähliger technischer und künstlerischer Innovationen hat die Band den Satz „das ist unmöglich" von ihren Mitarbeitern nie akzeptiert. Doch alle Bemühungen um Innovationen wären vergebene Mühe, wenn sie nicht auf durchdachte und bedeutungsvolle Texte und Stories, hervorragende Musikalität und nicht zuletzt verdammt gute Songs treffen würden. Ich will damit nicht behaupten, dass es keine Reinfälle gegeben hat; wie wir noch sehen werden, haben sie auch Mist gebaut, aber selbst das taten sie mit Stil.

David Gilmour, Syd Barrett und Roger Waters (und noch einige andere, die im Lauf der Geschichte auftauchen werden) kannten sich schon aus ihrer Schulzeit in Cambridge in den frühen 60ern. Während Gilmour seine späten Teenager-Jahre mit Straßenmusik und Gigs in Frankreich und Nordspanien verbrachte, besuchte Barrett das College in Cambridge, und Waters studierte in London, wo er seine Architektur-Kommilitonen Nick Mason, den Sohn eines bekannten Filmregisseurs, und Rick Wright, einen teilweise klassisch ausgebildeten Musiker mit Vorliebe für Jazz, traf. Sie gründeten mehrere Bands und nahmen dann Barrett dazu, der mittlerweile auch in London war und auf Grund seines künstlerischen Talents einen Platz in einem Malkurs ergattert hatte. Diese kurzlebigen

Bands trugen Namen wie The Meggadeaths, Sigma 6, The (Architectural) Abdabs, Leonard's Lodgers und The T-Set, bis sie sich auf den Namen „The Pink Floyd Sound" einigten, der – wie jedes Schulkind aus den 70ern weiß – aus den Namen zweier Lieblings-Bluesmusiker von Syd Barrett, Pink Anderson und Floyd Council, zusammengesetzt war. Als ihr Selbstvertrauen wuchs, gingen sie von den Coverversionen des Pop und R&B zu ihren eigenen endlosen psychedelischen Improvisationen über, die von den „Freaks" der aufkommenden Underground-Bewegung in London geliebt und von den „normalen" Konzertbesuchern gehasst wurden.

Was der Band letztendlich eine so große und treue Anhängerschaft bescherte und die Verkaufszahlen der Alben in astronomische Höhen schießen ließ, war eine Kombination mehrerer Faktoren: die Innovationen, die Beachtung kleiner Details und der Qualität, die hervorragende Musik, die Durchdachtheit der Konzepte von Waters und ihr Bezug zum täglichen Leben, das Geheimnis, das wegen ihrer Fotoscheu und der Weigerung, Interviews zu geben, in den 70ern um sie entstand, der Mangel an Singles in dieser wichtigen Periode, die fantastischen Plattencover, meist von Storm Thorgerson entworfen, der klare Live-Sound, die spektakulären Shows – und natürlich die besondere Magie, die unabhängig von Geld und Ausrüstung einfach nicht kopiert werden kann.

In diesem Buch steht so viel zur Geschichte der Band, dass der Leser auch Details zum Background ihrer Aufnahmen erfährt. Für tiefere Einblicke empfehle ich „Crazy Diamond – Syd Barrett and The Dawn Of Pink Floyd" von Mike Watkinson & Pete Anderson sowie „Pink Floyd – A Visual Documentary" von Miles und von mir. Beide Titel sind bei Omnibus Press erschienen. Die beiden anderen wichtigen Pink Floyd-Biografien sind „Bricks In The Wall" von Karl Dallas (Baton Press 1987, 1994 in Amerika mit einem grauenhaft ungenauen Ghostwriter-Update neu aufgelegt) und „A Saucerful Of Secrets" vom verstorbenen Nick Schaffner (Sidgwick & Jackson, 1991). Nutzer des Internets sollten sich auch einmal bei „alt.music.pink-floyd" und bei „alt.music.roger-waters" umsehen.

In der ersten Hälfte dieses Buchs werden öfters die Aufnahmen und Sessions der Band für „BBC In Concert" erwähnt. Die Aufnahmen waren ursprünglich Shows, die im Paris Theatre der

BBC in London stattfanden und für spätere Ausstrahlung mitgeschnitten wurden. Heutzutage werden sie weltweit an jedem geeigneten Ort, an dem sich die Band aufhält, aufgenommen oder live gesendet. Die Sessions sind etwas ganz anderes. Bands haben vor der Erfindung von Radio One im Jahr 1967 die Studios der BBC benutzt, um Stücke für das Radio aufzunehmen, meistens Songs aus dem neuen Album oder von der neuen Single. Manchmal entschieden sie sich auch für neue Songs oder Coverversionen (nicht so Pink Floyd) oder spielten Stücke, die schon fast vergessen waren. Leser, die an diesem einflussreichen, aber oft nicht beachteten Aspekt der britischen Pop-Musik interessiert sind, sollten auf jeden Fall das hervorragende Buch „In Session Tonight“ (BBC Books 1993) von Ken Garner lesen. Obwohl die Band und ihr Management sich gegen offizielle Veröffentlichungen sträuben, sind die meisten Sessions von Pink Floyd auf sehr guten Bootlegs erhältlich.

Zum Zeitpunkt der Niederschrift der Erstauflage (Dezember 1994) hat EMI bereits zwei Drittel der Alben von Pink Floyd als CD oder MC (nicht LP!) neuveröffentlicht und dafür verbesserte Digital-Masters (einige von der *Shine On*-Box) verwendet sowie das Äußere neu gestaltet und Texte beigefügt. (Der Rest erschien im Februar 1996; Anm. d. Red.) Die Bootlegger haben außerdem ihre eigenen „Re-Issue“-Pläne: Zusätzlich zu den üblichen Live-Aufnahmen und Studio-Outtakes haben sie in der letzten Zeit Remixe von *Meddle*, *Dark Side ...*, *Wish You Were Here* und *The Division Bell* auf den Markt gebracht. Puristen hassen sie, aber die Sorgfalt und der Humor, mit denen das Material bearbeitet wurde, zeigt den großen Respekt der Remixer vor Pink Floyd.

Ich möchte diese Gelegenheit nutzen, allen Mitarbeitern von „The Amazing Pudding“, besonders meinen Mit-Herausgebern Bruno MacDonald, Ivor Trueman und Dave Walker zu danken. Adrian Banham und Kev Whitlock haben zusammen mit Bruno, ohne zu klagen, unglaublich hart gearbeitet und die Fakten und Texte überprüft. Viel freiwillige Info und Hilfe kam auch von Vernon Fitch, Aaro Koskinen, Alain Lachaud, George Loaf, Soraya Patrick, Danni Ryan und allen in den Pressebüros von EMI und PMI. Mein größter Dank geht jedoch an Smaranda, deren Geduld und

Verständnis durch meine Besessenheit von diesem Projekt bis an die Grenzen belastet wurden.

Alan Tepper und Thorsten Pöttger danken Uwe Göller für die freundliche Unterstützung.

Es hat wirklich sehr viel Freude gemacht, bei der Arbeit an diesem Buch das Werk der Band wieder zu erleben – einige der Platten standen doch schon viel zu lange ungehört im Schrank. Ich hoffe, diese Artikel können dazu beitragen, dass ihr die Platten mit dem gleichen Vergnügen hört, ob ihr nun treue Fans der Band seid, die ihre Kenntnisse vertiefen wollen, oder Neulinge, die einen Einstieg suchen. Es wird geschätzt, dass Pink Floyd von ihren 18 Alben weltweit über 150 Millionen Stück verkauft haben. Dies ist ihre Geschichte ...

Andy Mabbett, Birmingham
Dezember 1994 (Erstauflage der englischen Fassung)

Andy Mabbett war zehn Jahre lang Mit-Herausgeber von „The Amazing Pudding", dem angesehenen Fanzine über Pink Floyd und Roger Waters. Er hat für verschiedene Zeitschriften, darunter Q und MOJO, über Pink Floyd geschrieben, hat Beiträge zu „Crazy Diamond – Syd Barrett and The Dawn Of Pink Floyd" geliefert und mit Miles zusammen „Pink Floyd – A Visual Documentary" geschrieben. Beide Titel sind bei Omnibus Press erschienen. Momentan schreibt er Musikbeiträge für „Brum Beat" und andere Artikel (nicht über Musik) für diverse Zeitschriften.

Obwohl „The Amazing Pudding" im Dezember 1993 eingestellt wurde, sind noch einige alte Exemplare erhältlich. Für weitere Informationen schickt einen Internationalen Antwortschein an: Andy Mabbett c/o 67, Cramlington Road, Great Barr, Birmingham, B42 2EE, England. Bitte keine Anrufe!

Die ersten Demos

Der genaue Zeitpunkt der ersten Aufnahmen von Pink Floyd ist nicht mit Sicherheit zu datieren. Die Angaben variieren zwischen Oktober und November 1965. Während dieser Session wurde auf jeden Fall *King Bee* aufgenommen, wahrscheinlich wurde auch ein Take von *Lucy Leave* bei diesem Versuch eingespielt. Dies lässt sich aber nicht genau verifizieren. Es besteht die Möglichkeit, dass letztere Nummer unter dem veränderten Titel erst bei der zweiten Session aufgenommen wurde. Auf Grund der mangelhaften Qualität der Takes wurde diese nie verwendet. Am 31.10.1966 erhielten Pink Floyd eine zweite Chance, Demos zu produzieren. In den Thompson Private Recording Studios in Hempel Hempstead nahm die Band auf jeden Fall folgende Titel auf: *Let's Roll Another One* (eine Urversion von *Candy And A Currant Bun*) und *Interstellar Overdrive*, das für den im April 1968 in Amerika erschienenen Soundtrack *San Francisco* in gekürzter Version genutzt wurde. Wahrscheinlich wurden auch *Lucy Lee In Blue Tights* (ein schneller R&B), *I'm A King Bee* (reiner Blues, der fast identisch mit *King Bee* ist) und *I Get Stoned* eingespielt. Bis auf *Interstellar Overdrive* blieben alle Songs unveröffentlicht.

Tonite Let's All Make Love In London

(See For Miles SEE CD 258; ursprünglich Instant INLP 002, veröffentlicht circa 1968)

Nach den Demo-Recordings im Jahr 1966 machten Pink Floyd ihre ersten richtigen Aufnahmen am 11. und 12. Januar 1967 im Sound Techniques Studio in London. Die Freundin von Syd Barrett überredete den Filmregisseur Peter Whitehead, die Sessions zu finanzieren, bei denen zwei von Barretts Songs aufgenommen wurden, *Arnold Layne* und *Let's Roll Another One*, sowie zwei längere instrumentale Jams, *Interstellar Overdrive* und *Nick's Boogie*, von denen das letztere schon sehr an ihre damaligen Live-Auftritte erinnerte. Nur ganz kurze Ausschnitte von *Interstellar Overdrive*

wurden im Film „Tonite Let's All Make Love In London" verwendet, für den alle Stücke vorgesehen waren, und auf dem ursprünglichen Soundtrack-Album.

Im Jahr 1990 erwarb See For Miles Records das Originalband mit den beiden Instrumentals, das von grünem Schimmel bedeckt war. Zum Glück war es so fest aufgewickelt, dass die Oberfläche des Bands, auf der sich die Musik befand, nicht vom Schimmel angegriffen war. So konnten sie ein längeres Soundtrack-Album veröffentlichen, auf dem sowohl die kurzen Ausschnitte von *Interstellar Overdrive* als auch die vollständige Fassung mit einer Länge von 16¾ Minuten und das bis dahin unveröffentlichte Stück *Nick's Boogie* Platz fanden. Die beiden langen Songs sind auch auf einer EP (See For Miles SEA CD4) und einem Album mit Poster-Hülle zu hören (SFM 2). Sowohl auf dem Album als auch auf der EP findet man (unterschiedliche) Dialoge aus dem Film und Musik von anderen Bands.

Vier Jahre später veröffentlichte See For Miles „The Pink Floyd London 1966-67" (PFVP 1), ein Video mit beiden Tracks, auf dem auch bis dahin unbekanntes Material von der Session, Clips von einem Floyd-Auftritt im UFO-Club, verschiedene Szenen aus den 60ern und Filmmaterial vom „14 Hour Technicolour Dream" vom 29. April 1967 zu sehen waren, bei dem Pink Floyd aufgetreten waren. Der Originalfilm, in dem man Pink Floyd ganz flüchtig sehen kann, ist auch auf Video erhältlich (PFVP 2).

Bei all diesen Veröffentlichungen wird *Interstellar Overdrive*, eine Komposition der ganzen Band, irrtümlich Syd Barrett alleine zugeschrieben. Es ist eine andere Version als die, welche später bei EMI erschien. *Nick's Boogie* wird als Gruppenkomposition aufgeführt. Alle Songs sind in Mono.

Seit Oktober 1966 waren die Bandmitglieder Teil einer gleichberechtigten Partnerschaft mit Blackhill Publishing und ihren Managern Peter Jenner und Andrew King. Die letzteren brachten die beiden kurzen Songs von der Session für Whitehead zum EMI-Ableger Columbia, wo man so beeindruckt war, dass die Band unter Vertrag genommen wurde.

The Piper At The Gates Of Dawn

(EMI 8 31261 2; ursprünglich Columbia SCX 6157; zuerst auf CD erschienen als CDP 7 46384 2; veröffentlicht am 5. August 1967)
Charts UK: Platz 6; Charts USA: —

Manche halten das Debüt-Album von Pink Floyd für die beste Platte der Band. Es ist so weit von *Dark Side* ... und *The Wall* entfernt, dass man kaum glauben kann, dass die Songs von der gleichen Band aufgenommen wurden. Tatsächlich ist es auch in mancher Hinsicht nicht die gleiche Band; der manische, sprunghafte, unberechenbare, unzuverlässige, aber dennoch geniale Syd Barrett war eindeutig der Chef, und, so unwahrscheinlich es klingen mag, Rick Wright war die zweite musikalische Führungskraft. Für ein Album, das so sehr ein Produkt der Swinging Sixties war wie all seine Zeitgenossen, ist es bemerkenswert, dass *Piper* ... überhaupt nicht so klingt. Ohne Zweifel liegt es auch daran, dass weder „Make love not war" noch Drogenthemen auftauchen.

Das typisch Britische, das viele dem Album attestieren, ist schon aus dem Titel ersichtlich, der aus einem Kapitel des Buchs „Der Wind in den Weiden" von Kenneth Grahame stammt (Pflichtlektüre für alle Fans von Syd Barrett).

Mit Barrett, dessen Geisteszustand von dem Tag an immer schlechter wurde, als der Druck des Starrummels und, ohne Zweifel, sein exzessiver Gebrauch von LSD ihren Tribut forderten, war stets sehr schwierig zusammenzuarbeiten, da er Melodien und Texte zwischen – und auch während – Aufnahmen einfach änderte.

Norman Smith, der Produzent des Albums, war damals bekannt für seine Arbeit an jedem Album der Beatles bis zu *Rubber Soul*, und nur sein Engagement bei Pink Floyd hielt ihn davon ab, bei *Sergeant Pepper* mitzuarbeiten, das bei Abbey Road in einem benachbarten Studio bearbeitet wurde. Einmal tauchte während der Aufnahmen Paul McCartney auf und hörte zu. In einem kurz darauf erschienenen Interview beschrieb er das Erstlingswerk von Pink Floyd als „Knockout". Viele der technischen Spielereien, die den Sound auf *Piper* ausmachten, hatte Smith bei seiner Arbeit mit den Beatles gelernt. Man höre sich nur *Bike* oder die Spielereien mit Stereo-Effekten bei *Interstellar Overdrive* an. Was hätte er aus dem Album machen können, wenn er schon Zugang zu einem modernen digitalen Studio gehabt hätte!

Eine Besonderheit der Aufnahmepraxis in den späten 60ern war die gleichzeitige Veröffentlichung einer Mono-Ausgabe (Columbia SC 6157), die sich deutlich von der Stereo-Version unterscheidet, die wir kennen und lieben.

Eine zweite Nummer von Barrett, *See Emily Play*, fand sich nicht auf dem Album wieder, kam aber auf die japanische Pressung (Toshiba / EMI EMS 50104), der auch ein Blatt mit den Texten beigelegt war. Das Stück war auch auf der ursprünglichen US-Version, die es in Mono und Stereo gab (Tower T 5093 / ST 5093). Hier finden wir ein anderes Tracklisting: *See Emily Play; Pow R. Toc H.; Take Up Thy Stethoscope And Walk; Lucifer Sam; Matilda Mother; Scarecrow; The Gnome; Chapter 24; Interstellar Overdrive*. Spätere Veröffentlichungen in beiden Ländern hielten sich dann an die englische Tracklist.

Das Cover zeigt ein recht ungewöhnliches Gruppenfoto, das mit Hilfe einer Tricklinse entstanden ist. Barrett hat das bessere Bild auf der Rückseite, eine Silhouette der Gruppe in Art eines Rorschach-Tintenkleckses entworfen. Leider kommt es auf der Wiederveröffentlichung von 1994 nicht mehr zur Geltung, obwohl die neue Version eine deutlich bessere Tonqualität hat und viele neue Fotos bietet.

Piper ... wurde im Dezember 1973 zusammen mit *A Saucerful Of Secrets* als Teil des Vinyl-Packs von *A Nice Pair* (Harvest SHDW 403) veröffentlicht, um vom Erfolg der Scheibe *Dark Side Of The Moon* zu profitieren.

Astronomy Domine

(Barrett)

Die erste Stimme, die man auf dem Album hört, wie sie Namen von Himmelskörpern durch ein Megafon rezitiert, ist die von Peter Jenner, einem der Manager der Band. Der eröffnende Morsecode, der nichts bedeutet, macht bald Platz für Orgelklänge, Gitarren mit Echo und ein Staccato-Schlagzeug, etwas, was selbst 1967 nur wenige bis dato gehört hatten. Und taucht da vielleicht schon ein früher Beweis für Barretts Paranoia in der Zeile „*Stars can frighten*“ auf?

Astronomy Domine wurde 1969 für den Live-Teil von *Ummagumma* neu aufgenommen. Die kanadische Ausgabe von *A Nice Pair* verwendet diese Live-Aufnahme statt des Originals. Nachdem die Nummer im Februar 1971 aus dem Live-Programm der Band verschwand, waren die Fans von Pink Floyd auf der ganzen Welt überrascht, als sie bei der Amerika- und Europa-Tournee 1994 wieder auftauchte, inklusive der Lightshow mit allem Drum und Dran, und sogar noch einmal als B-Seite der Single *Take It Back* als Live-Version der drei Veteranen von Pink Floyd mit Guy Pratt am Bass zu hören war.

Lucifer Sam

(Barrett)

Teilweise über die siamesische Katze von Syd und teilweise über seine Freundin Jenny, die im Text als *„Jennifer Gentle"* bezeichnet wird. Die Zeile über *„left side / right side"* bezieht sich auf die Trennung zwischen logischen und kreativen Funktionen der entsprechenden Hälften des Gehirns. Trotz des typischen 60er-Sounds von Gitarre und Orgel klingt der Song heute noch frisch und lebendig.

Matilda Mother

(Barrett)

Ein Rollenspiel: Syd als ängstliches Kind, das nicht will, dass die Mutter nach einer Gute-Nacht-Geschichte das Licht ausmacht. Einer seiner poetischsten Texte. Interessanterweise lebte Syd nach dem Ende seiner musikalischen Karriere wieder bei seiner Mutter, der er bis zu ihrem Tod im Jahr 1991 sehr eng verbunden blieb.

Die Orgel von Rick Wright bietet ein typisches Beispiel für das, was Peter Jenner „eines seiner Turkish Delight Riffs" nannte. Das bezog sich auf die Ähnlichkeit zu einem Werbespot für einen verführerisch leckeren Schokoriegel, der damals lief. Der Song wurde zur Zeit von Syd Barrett gern live gespielt. Pink Floyd nahmen ihn auch für die erste BBC Radio Session im Oktober 1967 auf.

Flaming
(BARRETT)

Etwas Kindliches liegt über dem Song, und die Zeile *„here we go, ever so high“* ist natürlich vollkommen unschuldig ...

Ein etwas anderer Mix wurde in Amerika als Single veröffentlicht, obwohl der Song dort anfangs auf dem Album fehlte.

Als weiterer Teil der ersten BBC-Session wurde *Flaming* live sowohl von der Besetzung mit Barrett als auch von der mit Gilmour gespielt, in der manchmal Waters und manchmal Gilmour sang. Obwohl die Nummer nicht lange im Programm blieb, wurde sie im November 1969 für das französische TV-Special „Tous En Scène“ gespielt.

Pow R. Toc H.
(BARRETT/WATERS/WRIGHT/MASON)

„Toc H.“ ist eine Anleihe vom Signalcode der Army für Talbot House, einen Club hinter den alliierten Frontlinien im 1. Weltkrieg. Ein Club, in dem Ränge nichts zählten. Toc H. will Freundschaften zwischen jungen Leuten mit unterschiedlichem sozialem Hintergrund fördern. Was dieses edle Vorhaben mit einem gemeinsam komponierten Instrumental der Band zu tun hat, ist nicht klar, ebenso wie die Bedeutung von „Pow R.“ im Titel. Bekannt ist aber, dass die Nummer im Dezember 1967 für die BBC aufgenommen wurde und als *The Pink Jungle*, ein Teil von *The Journey*, überlebte. Der Mono-Mix weist andere Lautstärke-Verhältnisse auf.

Take Up Thy Stethoscope And Walk
(WATERS)

Vielleicht ist es bezeichnend, dass Roger Waters neben Syd Barrett als einziges Mitglied der Band einen eigenen Song auf der Platte hatte, obwohl er ihn später als „sehr schlecht“ bezeichnete und dabei seinen eigenen Spruch vergaß, dass „Musik Schmerzen heilen hilft“. Waters singt gemeinsam mit Barrett, es gibt allerdings nicht viel Gesang in dem Lied. Die Nummer zeigt wirklich wenig von der musikalischen Richtung, in die er sich später bewegen sollte.

Interstellar Overdrive

(Barrett/Waters/Wright/Mason)

Pink Floyd hatten bereits zwei Versionen dieser langen instrumentalen Improvisation (sie kommt wohl unter ihren Aufnahmen am nächsten an die wilden Improvisationen ihrer damaligen Live-Auftritte heran) aufgenommen, bevor sie bei EMI unterschrieben. Die erste war einer der Tracks ihrer ersten unveröffentlichten Aufnahmen, die andere, wie schon erwähnt, für *Tonite Let's All Make Love In London*. Als es also daran ging, die Nummer für *Piper* ... aufzunehmen, waren sie mit der kühnen Sprache schon vertraut.

Das Hauptthema entwickelte sich aus Syds Improvisation über das Riff aus *My Little Red Book* von der Gruppe Love, das ihm der Manager Peter Jenner vorgesummt hatte. Es ist ein weit verbreiteter Irrtum, dass das Riff aus dem Thema der TV-Comedy-Serie „Steptoe and Son" stammt.

Die wilden Stereo-Effekte sind das Werk von Norman Smith. Die Band folgt hier dem allgemeinen, von den Beatles angeregten Trend, eine Mono-Aufnahme zu machen und den Mix der Stereo-Version den Typen am Mischpult zu überlassen. Die Unterschiede zwischen beiden Versionen sind am Ende des Stücks sehr deutlich.

Eine Aufnahme für die BBC vom Dezember 1968 zeigt, dass Gilmour genauso verrückt und psychedelisch spielen konnte wie Barrett. Bei einer historischen Aufnahme beim Amougies Pop & Jazz Festival in Belgien im Oktober 1969 gab sich Frank Zappa die Ehre und spielte mit der Band zusammen. Bei *The Journey* wurde der Mittelteil unter dem Titel *The Labyrinths Of Auximines* eingebaut. Die Nummer wurde aber auch eigenständig bis 1970 gespielt. 1971 erschien die Version von *The Piper* ... nochmal auf dem Sampler *Relics*.

The Gnome

(Barrett)

Fast ein Kinderlied. Barretts Geschichte über das „Kleine Volk" wird von Wright mit einer Celesta begleitet, die wohl kaum ein Instrument für Rockmusik ist, hier aber hervorragend passt. Dieser

Song wurde auch im Oktober 1967 für die BBC aufgenommen, nachdem er in Amerika schon als B-Seite von *Flaming* erschienen war.

Chapter 24

(Barrett)

Text und Titel stammen beide aus dem „I-Ging" (auch: I-Ching, Anm. d. Red.), einem 5.000 Jahre alten chinesischen Buch der Prophezeiungen. Es ist eine Art Horoskop, das aber nicht auf Sterndeutung, sondern auf der Deutung willkürlich geworfener Münzen basiert. Der Text, der zu einer einfachen Keyboardbegleitung und leicht angeschlagenen Becken rezitiert wird, ist eigentlich eine Neufassung eines Kapitels (des 24.) jenes Buchs, welches Neubeginn signalisiert.

Scarecrow

(Barrett)

Neben dem Erscheinen als B-Seite von *See Emily Play* (der einzigen frühen Single-Seite, die auf einem Album erschien, von Samplern abgesehen) war *Scarecrow* ein weiteres Kinderlied und auch Teil der ersten BBC-Session 1967.

Bike

(Barrett)

Obwohl es wie ein weiteres entzückendes kindliches Liedchen von Barrett wirkt, hat *Bike* doch eine tiefere Bedeutung. Zuerst einmal ist da die doch sehr erwachsene Forderung an Barretts „girl", und dann auch die Coda, eine verrückte Darstellung eines „Raumes voller Melodien" (*„a room full of tunes"*): mit dem Geräusch von Schritten, wie sie später als Effekt mit der quadrofonischen PA der Band benutzt wurden, dem Aufziehen von Uhrwerken und schließlich den gespenstisch schnatternden Stimmen.

Es war geplant, *Bike* mit *Interstellar Overdrive* zu koppeln. Später bildete die Nummer den Abschluss von *Relics*.

A Saucerful Of Secrets

(EMI 8 29751 2; URSPRÜNGLICH COLUMBIA SCX 6258; ZUERST AUF CD VERÖFFENTLICHT ALS EMI CDP 7 46383 2; VERÖFFENTLICHT AM 29. JUNI 1968)
CHARTS UK: PLATZ 9; CHARTS USA: —

Während der Aufnahmen zu *Saucerful* ... konnte das eine Geheimnis, das die Band vor der Öffentlichkeit zu verbergen versucht hatte, nämlich der instabile psychische Zustand von Syd Barrett und sein drohender Zusammenbruch, nicht länger verborgen bleiben. Ursprünglich wurde angekündigt, dass David Gilmour, sein Schulfreund und früherer Mitstreiter aus den Tagen der Straßenmusik, ihn live ersetzen würde, Barrett aber weiterhin für das musikalische Material verantwortlich sein würde. Doch nur eine Handvoll Auftritte wurden zu fünft gespielt, dann war Barrett raus. Ein Ergebnis dieses Wechsels war ein Album, wieder von Norman Smith produziert, das unter großem Stress in zwei verschiedenen Besetzungen aufgenommen wurde. Manche Stücke wurden mehr als einmal aufgenommen: zuerst mit Barrett und dann mit Gilmour. Einige dieser Sessions waren immer von einem Geheimnis umgeben, und es wird angenommen, dass man bei ein paar Stücken Barrett und Gilmour gemeinsam hören kann. Gilmour wurde schließlich auch deswegen ausgewählt, weil er wie Barrett klingen konnte, dem er das Gitarrenspiel beigebracht hatte. Im späteren Verlauf der Aufnahmen saß Barrett geduldig in der Empfangshalle von Abbey Road und wartete darauf, gebeten zu werden, für „seine" Band zu spielen.

Das Cover stammte von Storm Thorgerson (einem früheren Klassenkameraden von Waters und Freund von Barrett) und Aubrey „Po" Powell, die unter dem Namen Hipgnosis arbeiteten, und es war, mit Ausnahme der Beatles, das erste Cover für eine Band von EMI, für das ein externes Team zugelassen wurde. Eine Collage mystischer Bilder, die nichts von dem Glanz der späteren Arbeiten hatte.

Wieder hatte die Mono-Version des originalen Vinyl-Albums (Columbia SC 6258) andere Mixe, die sich aber nicht so deutlich unterschieden wie beim Vorgänger.

Obwohl die Aufnahmen zu *Saucerful* ... in Abbey Road begannen und endeten, wurden einige Stücke bei Sound Techniques und De Lane Lea aufgenommen. Hier entstanden auch *Apples And Oranges* und *Paintbox*, welche die beiden Seiten der dritten Single bildeten. Die beiden Tracks *Scream Thy Last Scream* und *Vegetable Man* kamen zum Ärger der Fans damals nicht regulär auf den Markt. Ursprünglich waren die beiden Titel für die vierte Single vorgesehen, die aber auf Grund des kommerziellen Misserfolgs der Vorgänger von der Plattenfirma zurückgezogen wurde und bislang unveröffentlicht blieb. *Scream Thy Last Scream* hat eine stilistische Nähe zu den vorhergehenden Singles, *Vegetable Man* ist eine Hinwendung zu härteren, psychedelischen Sounds. Da beide Songs für die BBC aufgenommen wurden, tauchen sie immer wieder auf Bootlegs auf. Alle vier Stücke stammen aus der Feder von Syd Barrett, der auch Gitarre spielt und singt.

Let There Be More Light

(Waters)

Diese einfache Geschichte über eine „Begegnung der dritten Art" demonstriert in der ersten Minute die Möglichkeiten der Stereofonie. Die Vorstellung der Band als hartgesottene Fans von Science Fiction – „Space Rocker" – hing ihnen lange wie ein Mühlstein um den Hals und sorgte für viel Verwirrung.

Der Gesangspart fiel an Gilmour und Wright – ein frühes Anzeichen dafür, dass zumindest in den nächsten 15 Jahren die drei Sänger von Pink Floyd unabhängig vom jeweiligen Songkomponisten da eingesetzt wurden, wo ihre Stimme am besten passte.

Dies war eine der Nummern, die im August 1968 für ihre erste BBC-Session mit Gilmour aufgenommen wurden. Zu den wenigen Live-Darbietungen gehört auch eine bei „Tous En Scène".

Remember A Day

(Wright)

Diese nette Reminiszenz an die Unbeschwertheit der Kindheit stammt noch von den Aufnahmen zu *Piper* ..., wo sie angeblich unter dem Titel *Sunshine* erscheinen sollte, obwohl es auch Anzeichen dafür gibt, dass *Sunshine* vielleicht eine frühe Version von *Matilda Mother* war. Auf jeden Fall spielt Syd Barrett Gitarre, obwohl die Aufnahme erst nach seinem Ausscheiden vollendet wurde; der Komponist übernahm den Gesangspart. Später auch auf *Relics* zu finden.

Set The Controls For The Heart Of The Sun

(WATERS)

Pink Floyd spielten dieses einfache und hypnotische Mantra, dessen Titel ein Zitat von William S. Burroughs ist, bei ihrer ersten BBC-Session im Oktober 1967 offensichtlich mit Syd Barrett an der Gitarre. Es ist bekannt, dass er bei einer früheren Version von *Saucerful* ... mitgespielt hat, obwohl sich David Gilmour auch erinnert, dass er gebeten wurde, einige Overdubs zu machen. Es ist also ohne weiteres möglich, dass dies die einzige Aufnahme der 5-Mann-Besetzung von Pink Floyd ist. Aber das ist alles andere als sicher, da auch die Möglichkeit besteht, dass die Aufnahme mit Syd nicht die veröffentlichte ist. Waters behauptet, den Text in einem Buch mit übersetzten chinesischen Gedichten gefunden zu haben.

Live-Versionen kann man auf *Ummagumma*, dem holländischen Video „Stamping Ground“ vom Pop-Festival in Kralingen im Juni 1970 und auf „Live At Pompeii“ finden. Bis Ende 1973 spielten Pink Floyd live lange Versionen der Nummer. Roger Waters grub sie sowohl für seine *Pros And Cons* ... als auch seine *In The Flesh Tour* wieder aus. Bei seinen beiden Konzerten am 26. und 27. Juni 2000 in London begab sich überraschend Nick Mason für diesen Klassiker ans Schlagzeug.

Corporal Clegg

(WATERS)

Nach eigenen Angaben spielt Syd Barrett bei diesem frühen Ausdruck von Waters' Verachtung für das Militär nicht mit, ein Thema, das den Fans der Band in den nächsten 25 Jahren vertraut werden sollte. Der leidende Kriegsveteran des Titels wurde vielleicht von dem Helden des Hammer-Horrorfilms von 1962, „Night

Creatures", einem Captain Clegg, abgeleitet. Das Kazoo-Solo ist wahrscheinlich einzigartig in der Geschichte der Pop-Musik. Und wir sollten dafür dankbar sein.

A Saucerful Of Secrets

(Waters/Wright/Mason/Gilmour)

Gegen Ende der Aufnahmen, als Syd Barrett bei Pink Floyd bereits Geschichte war, durfte die Band zur Belohnung für ihre Kompromissbereitschaft, kurze Pop-Songs aufzunehmen, etwas zu Band bringen, das ihre Live-Show besser repräsentierte. Das Ergebnis war ein 20-minütiges Instrumentalstück, das in vier Abschnitte unterteilt war, obwohl diese bis zum Erscheinen der Live-Version auf *Ummagumma* 1969 nicht speziell benannt waren – selbst spätere Aufnahmen der Platte führen die Teile nicht einzeln an. Ohne klare Anzeichen dafür, wo die Komponisten die Unterteilungen ansetzten, sind die folgenden Zeitangaben nur eine Schätzung.

Der erste Teil, *Something Else*, eine Aufnahme der Becken sehr nahe am Mikrofon, beschreibt David Gilmour zufolge die Vorbereitungen zum Krieg. *Syncopated Pandemonium* (3'59") ist ein Schlagzeugpattern von Mason, aufgenommen, geschnitten und bearbeitet, zu dem Gilmour seine Gitarre mit einem Mikrofonständer misshandelt. Dieser Teil repräsentiert die Schlacht. Es folgt eine Überblendung in *Storm Signal* (7'02") mit Geräuschen vom Keyboard: die Nachwirkungen. Schließlich *Celestial Voices* (8'39") mit schwebenden Orgelklängen und verträumten Stimmen, die ganz einfach sehr schön sind: das Requiem.

Die Struktur des Stücks wurde von Mason und Waters – beide ehemalige Architekturstudenten – festgelegt; sie zeichneten auf einem Blatt eine Reihe von Höhen und Absenkungen auf, um so die Dynamik festzulegen. Die Nummer war ein Wegbereiter für andere, vielleicht noch strukturiertere Stücke, die sich immer weiter entwickeln sollten – über *Atom Heart Mother* und *Echoes* bis zu *The Dark Side Of The Moon*.

Bis zur Korrektur auf der ersten Remaster-CD wurde Gilmours erster professioneller Beitrag fälschlicherweise unter dem Namen „Gilmore" angegeben.

Das erste Mal unter dem Titel *The Massed Gadgets Of Hercules* bei der BBC im Juni 1968 gespielt, für *Ummagumma* neu aufgenommen und später auf dem Video „Stamping Ground" zu sehen, blieb die Suite *Saucerful* ... bis September 1972, nachdem sie für „Live At Pompeii" gefilmt worden war, im Live-Programm.

See Saw
(Wright)

Ein weiterer Song von Wright, bei dem vermutlich Syd Barrett mitspielt und der den passenden Arbeitstitel *The Most Boring Song I've Ever Heard Bar Two* trug. Der Titel wirft die Frage auf, welches denn dann um Himmels Willen die anderen beiden Songs sind!

Jugband Blues
(Barrett)

Die einzige Komposition von Barrett – und sein einziger Gesangsbeitrag –, welche(r) es auf die zweite Platte schaffte, war ursprünglich, zumindest von Peter Jenner und Andrew King, als Nachfolger der zweiten Single *See Emily Play* gedacht.

Der Song ist kein Blues und wird auch nicht von einer Jugband (Vorläufer der Skiffle-Groups) gespielt, auch wenn Barrett für den chaotischen Mittelteil die Mitglieder einer Heilsarmee-Kapelle in die De Lane Lea-Studios mitbrachte. Man sollte lieber nicht darüber nachdenken, was diese aufrechten Bibelstreiter aus der Anweisung „spielt was ihr wollt" gemacht haben, aber das Ergebnis ist eine Gänsehaut erzeugende Begleitung zum schizophrenen Text von Barrett; das beschert dem ganzen Album einen bedrückenden Abschluss, besonders die gespenstischen Stimmen nach dem Trugschluss.

Bei der Version, die die Band für die BBC am letzten Tag im Dezember '67 aufnahm, mussten sie auf die „Unterstützung" der edlen Streiter von William Booth (Gründer der Heilsarmee, Anm. d. Übers.) verzichten und selber einen chaotischen Mittelteil kreieren.

Dies ist die einzige Nummer, bei der sich Stereo- und Mono-Mix deutlich unterscheiden. Im letzteren hört man mehr Gitarre und anderen Gesang. Auf der kanadischen Ausgabe von *A Nice Pair* hört man einen sonst unbekannten Stereo-Mix.

More

(EMI CDP 7 46386 2; ursprünglich Columbia SCX 6346; veröffentlicht am 27. Juli 1969, die DVD-Fassung erschien in Frankreich am 28.07.2003 unter BFIVD 587)
Charts UK: Platz 9; Charts USA: Platz 153

Es ist ein Zeichen für die Reputation, die Pink Floyd sich aufbauten, dass sie so früh in ihrer Karriere gebeten wurden, den Soundtrack zu einem Film zu schreiben und dass sie zu einer Zeit, als die Plattengesellschaften den Bands normalerweise Hausproduzenten vor die Nase setzten, die diese oft wie kleine Angestellte behandelten, das Werk selber produzieren durften.

Was die Freaks, die wahrscheinlich gar nicht bemerkt hatten, dass Gilmour bei *Piper* ... in die Fußstapfen von Barrett getreten war, von einem so frühen Richtungswechsel im Leben der Band hielten, weiß niemand, doch die Veränderungen waren so gewaltig wie alle weiteren in ihrer Karriere.

Das Cover von *More* zeigt ein einfaches, speziell belichtetes Standfoto aus dem Film, von Hipgnosis „entworfen". Der vollständige Text auf der Hülle lautet „Soundtrack from the film MORE played and composed by *The* Pink Floyd" und benutzt den bestimmten Artikel „The", den die Band in den nächsten 25 Jahren nur schwer wieder los werden sollte.

Pink Floyd brauchten gerade einmal acht Tage, um die Musik zu einem Drehbuch zu schreiben, das von Drogen konsumierenden Hippies auf Ibiza handelte, obwohl einige der Songs schon früher live zu hören gewesen waren. Der Film wurde kein Erfolg und war nur kurze Zeit als Video erhältlich. Nur in Frankreich, wo er in einem Atemzug mit „Easy Rider" genannt wird (die Dialoge sind alle auf Französisch), ist er immer noch erhältlich. Ohne den Film, bei dem Barbet Schroeder Regie führte, gesehen zu haben, ist es schwierig festzustellen, zu welchen Szenen die Musik passt, wobei jedoch einige Titel die Stimmung anzeigen, die der jeweilige Song erzeugen soll.

Wie so oft unterscheidet sich die Musik im Film stark von der, die für das Album eingespielt wurde. Speziell der Song *Seabirds*, der während einer Party-Szene als Backgroundmusik zu hören ist, fehlt auf der Platte. Er erschien in *The Pink Floyd Songbook* (Lupus Music / Music Sales 1976); die einzige bekannte Coverversion von Langford und Kerr erschien auf dem Sampler *Moving Soundtracks Vol.1* (Disques Du Crepuscule TWI 122-2).

Cirrus Minor

(WATERS)

Nach einer Wolkenformation benannt. Der Song beginnt mit der Aufnahme von Vogelgesang aus dem Schallarchiv, der dort anschaulich „Dawn Chorus" genannt wird. Es folgen Overdub-Tracks der Hammond- und Farfisa-Orgel von Rick Wright und ein paar zarte Gesangslinien von David Gilmour.

Die Aufnahme des Songs ist auch in der Dokumentation „Laying Down Tracks" von BBC Radio Three zu finden.

The Nile Song

(WATERS)

Pink Floyd spielen Heavy Metal. Gilmours eher geschrieener Gesang kontrastiert stark mit seiner Darbietung in der vorherigen Nummer. Die Nummer war geradezu prädestiniert für eine Veröffentlichung als Single in Europa (nicht in England!), Japan und Neuseeland.

Crying Song

(WATERS)

Das Album kehrt schnell wieder zum sanften Wiegenlied-Typ zurück und bringt ein entspanntes Jazz-Feeling, das durch das klare Bass-Riff von Waters entsteht.

Die Textzeile *„Help me roll away the stone"* ist Waters' erster Gebrauch eines Bildes, das auf *Animals* und *The Wall* wieder auftauchen wird.

Up The Khyber

(MASON/WRIGHT)

Die einzige kompositorische Zusammenarbeit der Autoren in der Geschichte der Band ist ein zweiminütiges Instrumental, in dem das hypnotische Schlagzeug von Mason durch avantgardistische Klaviereinwürfe und abgehackte Orgel-Riffs von Wright ergänzt wird.

Der Titel bezieht sich auf die Verbindung der Hippies zum Khyber Pass, welcher Pakistan und Afghanistan verbindet und viele Jahre sowohl Schauplatz für mystische Inspirationen als auch für militärische Spannungen gewesen ist; eine Route, die viele Invasoren (Perser, Griechen, Tataren, Mughals, Alexander d. Gr.) des damaligen Indien benutzten. Die Briten verwandelten sie während der Besatzung Indiens in einen wichtigen Grenzposten.

Green Is The Colour

(WATERS)

Eine Mischung aus Tin Whistle, Piano und Gilmours fast geflüstertem Gesang gibt diesem textlich obskuren Song ein einschmeichelndes Folk-Feeling.

Als erster Teil von *The Journey* ging das Lied unter dem Titel *The Beginning* in *Be Careful With That Axe, Eugene* über.

Diese Paarung wurde bei der letzten Session für BBC Radio One im Mai 1969 aufgenommen, einige Zeit vor den Aufnahmen für den Soundtrack, 1970 bei der Sendung „In Concert“ ausgestrahlt und blieb in dieser Konstellation im Live-Programm, bis sie Mitte 1971 von *Echoes* abgelöst wurde.

Cymbaline

(WATERS)

Mit Textzeilen wie *„will the final couplet rhyme?“* (nein, es reimt sich nicht!) und *„your manager and agent are both busy an the phone / selling colour photographs to magazines back home“* schien Waters den Druck nachzuempfinden, der durch die Industrie, für die er seine Fähigkeiten einsetzte, ausgeübt wurde. Das Thema wiederholte sich in seiner Karriere wieder und wieder und bekam, als der Song Teil von *The Man* war, auch den passenden Titel – *Nightmare*.

Der Titel kann von Shakespeares „Cymbeline" herrühren, auch wenn die Zusammenhänge nicht klar sind. Wright spielt eines seiner „Turkish Delight"-Orgel-Solos und Gilmour singt auf dem Album eine leicht überarbeitete Version. Im Film wird der Gesangspart von Waters übernommen.

Cymbaline, auch Teil der BBC-Sessions vom Mai 1969, wurde zu einem Lieblingsstück bei Konzerten. Die Band spielte oft recht lange Versionen, bis die Nummer Ende 1971 aus dem Programm genommen wurde.

Party Sequence

(Waters / Wright / Gilmour / Mason)

Dieses einminütige Instrumentalstück besteht aus dem Klang arabisch anmutender Blasinstrumente zu Masons wildem Schlagzeugspiel und ist die kürzeste Studio-Aufnahme von Pink Floyd überhaupt.

Main Theme

(Waters / Wright / Gilmour / Mason)

Das einleitende Beckenspiel kann sowohl von Waters als auch von Mason stammen, da dieser damals auf der Bühne gerne solche Sachen machte. Schnell geht der Track in eines seiner typischen Bassriffs über, über dem sich die Orgel von Wright, Masons Schlagzeug und sparsam eingesetzte Gitarre und Synthesizer vermischen. Für kurze Zeit 1970 im Live-Programm wurde die Nummer bei einer denkwürdigen Gelegenheit auf 14 Minuten ausgedehnt. Mason hat auf der CD keine Credits.

Ibiza Bar

(Waters / Wright / Gilmour / Mason)

Gleiche Melodie wie *The Nile Song*, aber etwas (wirklich nur etwas) lockerer gespielt.

More Blues

(Waters / Wright / Gilmour / Mason)

Das ist wirklich ein Blues, von dem man annehmen kann, dass Gilmour, was auch immer die Credits sagen, bei seiner Entstehung eine entscheidende Rolle gespielt hat.

Quicksilver

(Waters / Wright / Gilmour / Mason)

Ein funkelndes Instrumental, das auch die Grundlage für *Sleeping*, einen Teil von *The Man*, bildete. Einige der elektronischen Klänge erinnern an *On The Run* aus *Dark Side* ...

A Spanish Piece

(Gilmour)

Im Film erklingt dieses Stück in einer Bar aus dem Radio. Die in pseudo-Spanisch gesprochenen Abschnitte (sie klingen wie Manuel aus „Fawlty Towers" auf einem schlechten Trip) stammen in Wirklichkeit von Pink Floyds David Gilmour, der einfach eine schlechte Idee hatte.

Dramatic Theme

(Waters / Wright / Gilmour / Mason)

Ein weiteres kurzes Instrumental, das auf der CD fälschlicherweise nur Waters und Wright zugeschrieben wird, und bei dem die Gitarre von Gilmour zum ersten Mal auf einer Platte in seinem unnachahmlichen Stil singt.

The Massed Gadgets Of Auximines

(nur live)

An dieser Stelle bietet es sich an, ein Phänomen der Konzerte im Jahr 1969 anzusprechen. Unter dem Titel *The Massed Gadgets Of Auximines* führten Pink Floyd zwei Suiten auf: *The Man* und *The*

Journey. Jede war etwa eine Albumseite lang und bestand aus einzelnen Stücken, die teilweise unter anderem Namen bekannter waren, teilweise neu, und die sie noch nie selber aufgenommen hatten. Der Plan, sie als Album einzuspielen, wurde wieder aufgegeben, weil ein Großteil des Materials von früheren Aufnahmen stammte. Und doch können diese Suiten klar als Vorläufer für _Atom Heart Mother_, _Echoes_ und _The Dark Side Of The Moon_ betrachtet werden. Bei einigen Nummern können die Credits für Komposition von den entsprechenden Alben hergeleitet werden.

The Man BESTAND AUS:

Daybreak

Die Band-Performance von *Grantchester Meadows*.

Work / Afternoon

Im ersten Teil eine ziemlich schräge Collage aus Percussion- und anderen Klängen. *Work* und *Afternoon* wurden auch als separate Titel genannt, wie es überhaupt recht unterschiedliche Veröffentlichungen der Suiten gibt. Einem Bootleg nach Aufnahmen des holländischen Radiosenders Hilversum 3 zufolge machte die Band bei *Afternoon* auf der Bühne einen auf Handwerk. Sehr jazziges Stück mit einem Posaunen-Solo (höchstwahrscheinlich von Rick Wright) und Gilmours ziemlich „Heavy Metal-mäßigem" Gitarren-Solo. Die Studio-Version wurde nur auf *Relics* als *Biding My Time* veröffentlicht. Zwischen beiden Titeln hat die Band eine 3½- minütige Pause, in der die Roadies auf der Bühne Tee servierten. Roger Waters wiederholte diese Prozedur auf der *Radio K.A.O.S.*-Tour. Auf etlichen Bootleg-Veröffentlichungen wurde diese *Teatime* ausgespart, da sie nur Geschirrklappern und keine Musik enthält.

Doing It!

Ein kurzes Drum-Solo.

Sleeping

In erster Linie ein Keyboard-Instrumental, das *Quicksilver* ähnelt. Während der Einleitung waren Atemgeräusche vom Band zu hören, als ob die Gruppe auf der Bühne schliefe.

Nightmare

Cymbaline.

Daybreak Part 2

Eine instrumentale Reprise.

The Journey BESTAND AUS:

The Beginning

Green Is The Colour, das überging in ...

Beset By Creatures Of The Deep

... *Careful With That Axe, Eugene.*

The Narrow Way

Eine Band-Version dessen, was Teil 3 von David Gilmours Solo-Beitrag zu *Ummagumma* werden sollte.

The Pink Jungle

Pow R. Toc H.

The Labyrinths Of Auximines

Das Instrumental geht zurück auf den Mittelteil von *Interstellar Overdrive.*

Behold The Temple Of Light

Wieder ein Instrumental.

The End Of The Beginning

Celestial Voices aus *A Saucerful Of Secrets.*

Ummagumma

(EMI 8 31202 2; ursprünglich Harvest SHDW 1/2; zuerst auf CD veröffentlicht als EMI CDS 7 46404 8; veröffentlicht am 25. Oktober 1969)
Charts UK: Platz 5; Charts USA: Platz 74

Ummagumma, dessen ungewöhnlicher Titel von einem Slang-Ausdruck für Sex stammt, erschien gerade einmal drei Monate nach *More*. Pink Floyd waren von einem EMI-Ableger zu einem anderen, neuen, nämlich Harvest, gewechselt, dessen Gründer Malcolm Jones den Geist der neuen, progressiven Musik des Underground einfangen wollte. Harvest war so mutig, Pink Floyd zu gestatten, ein normales Live-Album mit einer zweiten Platte zu koppeln, die aus vier Teilen bestand, von denen jede von einem Bandmitglied solo stammte. Geleitet wurde die Sache zum letzten Mal vom verwirrten Norman Smith. Dies war das allererste Doppel-Album bei Harvest und das erste Album des Labels, das in die Charts kam. Die Studio-Aufnahmen fanden gleichzeitig mit denen für Syd Barretts erstes Solo-Album *The Madcap Laughs*, das zum Teil von Gilmour und Waters produziert wurde, statt.

Die Live-Seiten, von der Band produziert, wurden bei zwei Konzerten aufgenommen. Das erste fand am 27. April 1969 im legendären Mothers Club in Birmingham statt, das zweite am 2. Mai in der Chamber of Commerce in Manchester. John Peel, der DJ von Radio One, bei dessen Hochzeit Nick Mason Trauzeuge gewesen war, berichtete einmal über einen Einbruch in seine Wohnung, bei dem nur die Azetat-Kopie einer Aufnahme von *Interstellar Overdrive* gestohlen wurde, das damals auf die Platte kommen sollte.

Neben *Grantchester Meadows* und vielleicht dem letzten Teil von *The Narrow Way* sind die Solo-Seiten ein mutiges Experiment, das fehlschlug (vielleicht war es auch nur der falsche Zeitpunkt), und obwohl die Stücke beim ersten Anhören interessant sind, laden sie nicht unbedingt zu weiterem Hören ein. Alles in allem ist es eine Schande, dass Pink Floyd sich nicht für ein konventionelleres Doppel-Live-Album entschieden haben, auf dem vielleicht komplette Aufnahmen von *The Man* und *The Journey* Platz gefunden hätten.

Das interessante Coverdesign von Hipgnosis brachte auch eine Abbildung des Covers für die Aufnahme des Musicals „Gigi", die bei der amerikanischen Ausgabe – wahrscheinlich aus urheberrechtlichen Gründen – sorgfältig mittels Airbrush übermalt wurde. Die Rückseite zeigte die Roadies der Band (einer von ihnen ist Alan Stiles, der später durch *Alan's Psychedelic Breakfast* unsterblich gemacht wurde) und die Anlage auf einer Rollbahn des Flughafens Biggin Hill. Im Inneren des Klappcovers war Roger Waters mit seiner ersten Frau Jude abgebildet. Beim ersten CD-Booklet wurde sie diskret entfernt, hier fehlte auch das Bild von Biggin Hill.

Es war davon die Rede, dass die Aufteilung von drei Solo-Beiträgen und *Saucerful* ... möglicherweise eher mit dem Bemühen um eine faire Aufteilung der Royalties zu tun hatte als mit rein musikalischen Beweggründen.

Der erste Song, der für das Album aufgenommen und nie vollendet wurde, war die Gemeinschaftskomposition *Embryo*. Die Band war entsetzt, als die Nummer auf dem Sampler *Picnic* (Harvest SHSS 1 / 2) auftauchte, und verlangte, dass der Sampler sofort vom Markt genommen werde. Trotzdem wurde *Embryo* bis Ende 1971 oft live gespielt und entwickelte sich zu einem beeindruckenden Klassiker, der durch die Improvisationen stetig verändert wurde. Das erste Mal wurde es bei der BBC-Session ausgestrahlt, die im Dezember 1968 aufgenommen wurde. Auf dem amerikanischen CD-Sampler *Works* ist es immer noch zu finden.

Das Remaster von *Ummagumma* war die radikalste Änderung unter den Bestrebungen nach einem neuen Äußeren im Jahr 1994. Es waren jetzt zwei CDs (Live: 8 31213 2; Studio: 8 31214 2) in einem geprägten Pappcover mit einem gefalteten Poster des Originalcovers. Das Foto von Biggin Hill war, zusammen mit anderen Aufnahmen dieser Session, wieder da, aber die einzelnen Portraits der Bandmitglieder waren ganz andere. Jude fehlte wieder und die neuen Live-Bilder stammten von 1974 oder später. Der Studio-CD lag der Text zu *Grantchester Meadows*, aber nicht zu *The Narrow Way Part 3* bei.

Astronomy Domine
(Barrett)

Es erwies sich, dass Gilmour ein perfekter Ersatz für Barrett war, sogar bei einer seiner Glanznummern. Das zeigte er auch 1994 in Ansätzen wieder. Ein kurzes Orgel-Solo ist der einzige bemerkbare Unterschied zum Original.

Careful With That Axe, Eugene
(Waters/Wright/Gilmour/Mason)

Eine hervorragende Darbietung eines der beliebtesten Live-Stücke, das bisher nur als B-Seite der fünften (und bis 1979 letzten) Single von Pink Floyd, *Point Me At The Sky* erhältlich war. Live immer besser als auf Platte, konnte der Schrei von Waters genauso viel Gänsehaut erzeugen wie eine Szene aus einem Hammer-Horrorfilm.

Set The Controls For The Heart Of The Sun
(Waters)

Obwohl diese Version fast doppelt so lang ist wie das Original, unterscheidet sie sich nicht sehr von der Aufnahme auf *Saucerful* … Die längere Spieldauer liegt hauptsächlich am langsameren Tempo, einem sich hinziehenden, eher bedeutungslosen Mittelteil und mehr von Wrights „Turkish Delight"-Orgel.

A Saucerful Of Secrets

(Waters/Wright/Gilmour/Mason)

Originalausgaben von *Ummagumma* gaben, zumindest in Amerika, vier Abschnitte an: *Something Else; Syncopated Pandemonium; Storm Signal* und *Celestial Voices*. Diese Angaben fehlten bei späteren Auflagen der LP und bei der CD. Sie werden in der Besprechung der Studio-Aufnahme näher erläutert.

Sysyphus (Parts 1–4)

(Wright)

Rick Wrights instrumentaler Beitrag zur zweiten Hälfte des Albums ist nach einer Gestalt der griechischen Sagenwelt – normalerweise „Sisyphus" geschrieben – benannt, dem König, der Korinth erbaute, der im Hades, der Unterwelt, dazu verdammt war, einen riesigen Felsbrocken einen Hügel emporzurollen, von wo er dann sofort wieder hinunterrollte (das ähnelt ein wenig dem Erforschen der frühen Geschichte von Pink Floyd). Sein Verbrechen war es gewesen, dass er Thanatos, den Gott des Todes, gefangen genommen hatte, um seinem eigenen Tod zu entgehen. Infolgedessen konnte niemand mehr sterben.

Teil 1 ist ein mystischer Synthesizer mit Pauken, wogegen man Teil 2 stellenweise für eine romantische Klaviersonate halten könnte, obwohl diese Vorstellung bald durch Wrights durchdachten Gebrauch von atonalen Läufen ad absurdum geführt wird. Teil 3 ist sehr experimentell, fällt aber nicht weiter positiv auf, und Teil 4, der mit Vogelgezwitscher beginnt, wird von Wrights Mellotron bestimmt und kehrt dann wieder zum Thema von Teil 1 zurück.

Nur sehr wenige Konzertbesucher haben *Sysyphus* live gehört. Bei einem bemerkenswerten Auftritt in der Stadthalle von Birmingham im Februar 1970 wurde es zu Gehör gebracht, als die

Band gezwungen war, ihr Programm kurzfristig umzustellen, da ein Truck mit Equipment nicht rechtzeitig eingetroffen war.

Grantchester Meadows

(Waters)

Der erste der beiden Beiträge von Waters, der wieder einmal mit Vogelgezwitscher beginnt, ist ein einfacher Song über die schöne und unverbaute Gegend um Cambridge, wo er und andere zukünftige Mitglieder von Pink Floyd in ihrer Jugend herumstreunten (Gilmour schwamm gerne im nahegelegenen Fluss Cam). Seine Geschichte von Lerchen, Füchsen und Königsfischern fängt die Stimmung des englischen Landlebens im Sommer perfekt ein. Der Song geht mit dem Geräusch einer summenden Fliege, die sich zwischen den Lautsprechern zu bewegen scheint, in den nächsten über. Waters erschlägt sie schließlich – wahrscheinlich mit der zusammengerollten Kopie einer schlechten Kritik.

Eine Version der Band wurde unter dem Titel *Daybreak* als Teil von *The Man* öffentlich gespielt. Wrights Orgel stand hier sehr stark im Vordergrund. Als *Daybreak* wurde die Nummer im Mai 1969 auch für die BBC aufgenommen. Die Orgel wurde hier durch ein Klavier ersetzt.

Several Species Of Small Furry Animals Gathered Together In A Cave And Grooving With A Pict

(Waters)

Waters' anderer Beitrag, später von Ron Geesin auf seinem Album *As He Stands* unter dem Titel *To Roger Waters Wherever You Are* parodiert, ist etwas ganz anderes. Verschiedene Tonbandschleifen werden in unterschiedlicher Geschwindigkeit vorwärts und rückwärts abgespielt. In den Tagen der LP war es möglich – wenn man seinen Platte und den Diamanten ruinierte –, durch rückwärts Abspielen solche Sachen zu entdecken wie Waters, der immer wieder „Bring back my guitar" oder „That was pretty avant-garde, wasn't it" sagte, mit den Händen auf den Tisch trommelte und am Ende fast unhörbar im linken Kanal „Thank you" flüsterte. In der richtigen

fibes

Geschwindigkeit trägt er pathetisch improvisierte schlechte Gedichte mit einem noch schlechteren schottischen Akzent vor. Schade, dass die neue Generation von Pink Floyd-Fans solche Spielereien mit der CD nicht mehr machen kann. Trotz gegenteiliger Gerüchte hat Geesin bei diesem Song nicht mitgewirkt.

Die Konzertbesucher können sich glücklich schätzen, dass dieser Track nie live dargeboten wurde, obwohl der „deklamierende Schotte" von Waters manchmal bei längeren Versionen von *Embryo* aufblitzte.

The Narrow Way (Parts 1–3)

(GILMOUR)

Part 1 und 2 sind instrumental, der erstere mit akustischer Gitarre und Overdubs mit Glissandi und hohen Tönen der elektrischen Gitarre, der zweite eine härtere Mischung von E-Gitarren, die – über einen ausgehaltenen Ton des Moog-Synthesizers – in den dritten Teil übergehen, einen hübschen Song, in dem Gilmour seine Fähigkeiten als Schlagzeuger unter Beweis stellen konnte.

Gilmour hatte immense Schwierigkeiten beim Schreiben des Texts und bat Waters um Hilfe, der jedoch ablehnte. Seine Probleme waren vielleicht ein Vorgeschmack auf das Dilemma, in dem er sich befand, nachdem er die Leitung der Gruppe übernommen hatte.

Part 1 wurde als *Baby Blue Shuffle in D Major* bei der Session für die BBC im Dezember 1968 aufgenommen, und Part 3, unter dem richtigen Titel, als Teil von *The Journey* im Mai 1969 für die BBC.

The Grand Vizier's Garden Party (Part 1 Entrance; Part 2 Entertainment; Part 3 Exit)

(MASON)

Wahrscheinlich hat Mason bei Part 1 und Part 3 etwas geschummelt und seine damalige Frau Lindy für die (in beiden Teilen gleichen) kurzen Flötenteile geholt. Lindy war eine ausgebildete Flötistin, für die Ron Geesin Musik schrieb.

Part 2 ist eine Reihe von Schlagzeugübungen, einige davon elektronisch bearbeitet, die, wie die meisten Aufnahmen von Schlagzeug-Solos, viel zu lang sind, allerdings nicht so dauerhaft wie das Türkische Reich, in dem der „Grand Vizier" (Großwesier) ein hoher Beamter ist.

Zabriskie Point

(EMI CDP 7 94217 2; URSPRÜNGLICH MGM 2315 002; VERÖFFENTLICHT IM MÄRZ 1970; NACH EINER EINFACH-CD-VERSION ERSCHIEN AM 20.10 1997 BEI EMI UNTER 823 3642 EINE DOPPEL-CD, DIE VIER BISLANG UNVERÖFFENTLICHTE SONGS VON PINK FLOYD ENTHIELT; AUCH LIEGEN DIVERSE VIDEOS DES FILMS MIT UNTERSCHIEDLICHEN BESTELLNUMMERN VOR)

Das dritte größere Soundtrack-Projekt von Pink Floyd, diesmal für Michelangelo Antonioni, lief nicht so gut wie die ersten beiden. Nach zwei Wochen im Studio wurde der Großteil ihrer Arbeit als „zu traurig" oder „zu hart" abgelehnt. Antonioni nahm dann Songs von The Grateful Dead und anderen legendären Superstars wie Roscoe Holcomb und John Fahey. Er benutzte vier Titel von Pink Floyd. Einige Aufnahmen von den Sessions sind als Bootlegs erhältlich, aber die Titel, unter denen sie bekannt wurden – *Oneone, Fingal's Cave* und *Rain In The Country* –, sind anscheinend eher der Fantasie der Bootlegger als von Pink Floyd entsprungen. Ein weiterer Song, *The Violent Sequence*, der eine Szene mit Demonstrationen auf dem Gelände der Universität von Kalifornien in Los Angeles untermalen sollte, bei der die Brutalität der Polizei aufgezeigt wurde, kam auf *Dark Side* ... wieder zum Vorschein.

Natürlich unterscheidet sich die Musik im Film von der auf dem Album, inklusive eines unbetitelten Instrumentals, das etwa eine Minute lang ist und überhaupt nicht auf dem Album auftaucht. Der Film ist in England nicht als Video erhältlich.

Heat Beat, Pig Meat

(WATERS / WRIGHT / GILMOUR / MASON)

Ein auf Orgel und Schlagzeug basierendes Instrumental, das für die Einleitung geschrieben wurde. Auf der veröffentlichten Version kann man Dialogfetzen und ein wenig klassische Streicher-Musik hören.

Crumbling Land

(WATERS/WRIGHT/GILMOUR/MASON)

Länger als die Filmversion, aber eine noch längere Fassung ist auf einem Bootleg erschienen. Der Gesang von Gilmour und Wright scheint sich auf die Filmhandlung zu beziehen.

Come In Number 51, Your Time Is Up

(WATERS/WRIGHT/GILMOUR/MASON)

Ein weiteres Remake von *Careful With That Axe, Eugene*. Dieses wird am Ende des Films zur Untermalung von Zeitlupenaufnahmen eines explodierenden Gebäudes eingesetzt. Der Schrei ist einer der besten von Waters.

Country Song

(WATERS/WRIGHT/GILMOUR/MASON)

Wie auch die folgenden drei Titel war der *Country Song* nicht auf dem Originalsoundtrack vertreten. Basierend auf einer sanften Piano-Grundlage steigern die Musiker zu jedem Refrain die Dynamik und bieten Gilmour eine exzellente Grundlage für seine harten Solos, der sich auch in der Ausleitung musikalisch perfekt präsentiert. Der Text zitiert Filmszenen und reichert diese mit zahlreichen Märchen-Metaphern an. Die Atmosphäre der Komposition beinhaltet viel von dem, was Pink Floyd auf den Alben *Meddle* und *Atom Heart Mother* verwirklichen sollten.

Unknown Song

(WATERS/WRIGHT/GILMOUR/MASON)

Das Stück gehört zu den typischen Soundlandschaften, die charakteristisch für die Band waren. Akustik-Gitarren bilden die Basis für Gilmours Slide-Gitarrenspiel, mit dem er an einigen

Passagen eine Pedal-Steel-Gitarre imitiert. Die Lead-Gitarre steht jedoch nie im Vordergrund, sondern verleiht der Komposition eine bestimmte Tiefe, die zusätzlich durch die Abmischung intensiviert wird. Zum Ende des Songs tauchen kurz atonale Parts auf, die aber wieder zur harmonischen Grundstimmung zurückführen. *Unknown Song* ist deutlich von amerikanischen Bands wie den Grateful Dead inspiriert worden.

Love Scene – Version 4

(Waters / Wright / Gilmour / Mason)

Rick Wright spielt ein Piano-Solo, in dem er Jazzharmonien mit pentatonischen Skalen vermischt. Eine ideale Hintergrundmusik, da der Musiker auf einem fast gleich bleibenden Lautstärke-Level spielt und dramatische Wendungen vermeidet.

Love Scene – Version 6

(Waters / Wright / Gilmour / Mason)

Eine klassische Blues-Improvisation im Stil englischer Bands wie Fleetwood Mac, Chicken Shack oder Keef Hartley. Besonders Gilmour spielt sehr offensiv und gefühlsbetont. Dies wird durch Wrights eher zurückhaltende Solo-Fills relativiert. Diese Version ist ein gutes Beispiel für die vielen stilistischen Entfaltungsmöglichkeiten in der Frühphase der Band.

Atom Heart Mother

(EMI 8 31246 2; ursprünglich Harvest SHVL 781; zuerst auf CD veröffentlicht als EMI CDP 7 46381 2; veröffentlicht am 10. Oktober 1970)
Charts UK: Platz 1; Charts USA: Platz 55

Atom Heart Mother **von „The“ Pink Floyd (wieder dieses lästige „The“, das aber im CD-Booklet weggelassen wurde) in Abbey Road mit Alan Parsons als einem der Techniker und dem zum Produzenten „beförderten“ Norman Smith produziert, war in England die erste**

Nummer 1 für das Label Harvest. Man kann sich solch ein radikales Werk heutzutage oder jemals wieder nur schwer als Spitzenreiter der Charts vorstellen.

Atom Heart Mother war das erste Album von Pink Floyd, das (mit der Nummer Harvest Q4SHVL 781) im neuen Quadrofonie-Format (vier Lautsprecher) veröffentlicht wurde. Das war passend, weil sie für ihre Auftritte seit 1969 4-Weg- und sogar 6-Weg-Lautsprechersysteme benutzt hatten. Die 4-Weg-Systeme benutzen sie noch heute.

Das Cover ist mittlerweile bekannter als die Musik und zeigt eine verwirrt aussehende Kuh (wen es interessiert: Lulubelle III), von Hipgnosis mit dem festen Vorsatz fotografiert, ein Cover ohne Bedeutung zu schaffen, das in keiner Weise mit der Musik verbunden ist. Weitere Kuh-Bilder wurden der Neuauflage von 1994 beigefügt, die auch einen viel klareren Sound bietet.

Atom Heart Mother (Father's Shout; Breast Milky; Mother Fore; Funky Dung; Mind Your Throats Please; Remergence)

(Mason / Gilmour / Waters / Wright / Geesin)

Der Titeltrack des Albums, der sich über eine ganze Plattenseite erstreckt, wurde von Ron Geesin, mit dem Waters bereits den Soundtrack *The Body* aufgenommen hatte, orchestriert und mit-komponiert. Die Gruppe gab ihm einige Rohfassungen auf Band und bat ihn, ohne weiter viel zu erklären, „etwas Großes" mit Overdubs zu schaffen. Geesin nahm den Cellisten von *The Body*, zehn Blechbläser und zwanzig Chorsänger. Als ihm die Arbeit mit so vielen Studio-Musikern (klassische Musiker verhalten sich in solchen Situationen oft extrem schwierig) zu viel wurde, übernahm der Chorleiter Jahn Aldiss den Part des Dirigenten von Geesin. Geesin hält die veröffentlichte Version für nur wenig besser als ein Demo und wollte die Sache damals ganz neu aufnehmen. Das war auch der Wille der Band, aber Zeit und Geld erlaubten diesen Luxus nicht.

Bei der ersten Aufführung in Paris im Februar 1970 kündigte Roger Waters die Suite als *The Amazing Pudding* an. Den bekannten Titel erhielt sie erst nach einer Aufführung im Paris Theatre der

BBC im September 1970, als sie für die Sendung „In Concert" mitgeschnitten wurde. Nach einem Titel für die Programmliste gefragt, blätterte die Band schnell eine Zeitung durch und nahm schließlich den Titel von einem Artikel, in dem über eine Frau mit einem „atombetriebenen" (!) Schrittmacher berichtet wurde.

Weitere Aufführungen folgten, sowohl mit als auch ohne Chor und Orchester. Sie dauerten zwischen 14 und 30 Minuten. Dazu gehörte auch die Premiere der „orchestralen" Version beim Festival in Bath, wo Ron Geesin mitten im Konzert ging. Andere waren mehr beeindruckt, und das führte dazu, dass Pink Floyd die erste und einzige Rockband waren, die bei dem angesehenen Festival für klassische Musik in Montreux gastierte.

Für die ganz Neugierigen: Die einzelnen Teile beginnen bei 5'19", 10'09", 15'25", 17'44" und 19'45"; auf der CD von 1994 waren sie nicht einzeln angeführt wie auf der ersten Ausgabe (zumindest für Hörer, deren Anlage solche Unterteilungen erkennt).

If

(WATERS)

Die trügerische Einfachheit der ersten Zeilen und die unkomplizierte akustische Gitarre bereiten den Hörer nicht auf den plötzlichen Wechsel zu den Anspielungen auf Irrsinn und Einsamkeit vor. Es war für Eingeweihte ein frühes Anzeichen dafür, dass der Einfluss von Syd Barrett, oder genauer, die Schuldgefühle wegen seines Ausscheidens Waters noch lange zu schaffen machen sollten.

Obwohl die Band *If* nie live spielte (außer bei der oben genannten BBC-Show „In Concert"), wurde es in Amerika und Kontinental-Europa als Single veröffentlicht. In den 80ern holte Roger Waters die Nummer für die *Pros And Cons-* und *Radio K.A.O.S.*-Tourneen wieder hervor.

Summer '68

(WRIGHT)

Obwohl Wright behauptet, dass er als Textdichter nie so ganz glücklich war, gibt er zu, dass dieser Song, der von einer Zufallsbekanntschaft oder eventuell von einem Groupie handelt, seine eigenen wahren Gefühle zeigt. Es ist übrigens der einzige Song des Albums, der nie live gespielt wurde.

Das „Blech"-Zwischenspiel wurde auf einer frühen Form des Synthesizers gespielt, Wright singt die Verse und Gilmour den heftigeren Refrain.

Fat Old Sun
(Gilmour)

Gilmour schrieb diesen typisch englischen Song als Nachfolger zu *Grantchester Meadows*. Von den einleitenden Kirchenglocken bis zu der sanften akustischen Gitarre und den abgedämpften Trommeln ist er ein perfektes Medium für den sanftesten Gesang seiner Karriere. Er wurde für zwei Shows der BBC-Reihe „In Concert" aufgenommen; die von 1970 wurde bereits erwähnt. Die andere fand im Oktober 1971 statt. Der Titel wurde auch zum festen Bestandteil des Programms der Konzerte in den Jahren 1970 und 1971. Gilmour muss den Song in guter Erinnerung behalten haben, da er ihn im Juni 2001 überraschend für sein semiakustisches Konzert in London ins Programm nahm.

Alan's Psychedelic Breakfast (Rise And Shine; Sunny Side Up; Morning Glory)
(Waters/Wright/Gilmour/Mason)

Ganze 13 Minuten voller Blödsinn, nach Pink Floyd-Roadie Alan Stiles benannt, dessen Stimme man hören kann, während er seine morgendliche Routine erledigt. Eines der Keyboard-Riffs sollte später als Basis von *Profiles*, dem Titelsong des zweiten Solo-Albums von Nick Mason, wieder auftauchen.

Zwischen musikalischen Passagen hört man, wie Stiles sich wäscht und Speck brät. So eine Musique concrète, so ein nicht-musikalischer Klang sollte zum Markenzeichen fast jeden Albums von Pink Floyd werden, aber nirgends wurde dieses Stilmittel so intensiv eingesetzt wie bei diesem Song, der, nicht weiter überraschend, nur einmal im Dezember 1970 in der Stadthalle in Sheffield live aufgeführt wurde. Während der Darbietung machte die Band Tee auf der Bühne und kochte dabei.

Der tropfende Wasserhahn, der das Stück beendet, ging bei der Originalausgabe in der Schlussrille endlos weiter. Die Unterteilungen des Stücks liegen bei 4'29" und bei 8'18".

Relics

(Music For Pleasure MFP 50397, nicht auf CD; ursprünglich Starline SRS 5071; veröffenticht am 14. Mai 1971)
Charts UK: Platz 32; Charts USA: Platz 152

Songs: *Arnold Layne; Interstellar Overdrive; See Emily Play; Remeber A Day; Paintbox; Julia Dream; Careful With That Axe, Eugene; Cirrus Minor; The Nile Song; Biding My Time; Bike.*

Nach dem Chart-Erfolg von *Atom Heart Mother* brachte Starline, das Billig-Label von EMI, diesen Sampler mit frühen Singles, Album-Tracks und der unveröffentlichten Komposition *Biding My Time* von Waters, die bisher nur unter dem Titel *Work* in der Suite *The Man* gespielt worden war, auf den Markt.

Die Hülle ist eine Tuschezeichnung von Nick Mason – bei späteren Veröffentlichungen rosa schattiert – mit dem Untertitel „A Bizarre Collection of Antiques and Curios“. Im Ausland gab es zwei verschiedene Cover. In Australien waren alte spanische Münzen abgebildet und in Amerika sah man einen grotesken Flaschenöffner, der einen Kopf mit zwei Augenpaaren darstellte. Die japanische Version bot ein Klappcover mit der Zeichnung von Mason.

EMI Australia brachte *Relics* für kurze Zeit als CD (EMI CDAX 701290) auf den Markt. Das geschah ohne Absprache mit der Band, daher wurde sie bald wieder vom Markt genommen.

Am 08.02. 1996 erschien bei der EMI eine neue Auflage des Albums, das unter Mithilfe von Nick Mason entstand. Das Cover zeigte ein Modell der Originalzeichnung vor einem dunkelblauen Hintergrund.

Meddle

(EMI 8 29749 2; ursprünglich Harvest SHVL 795; zuerst auf CD als Harvest CDP 7 46034 2; veröffentlicht am 13. November 1971) Charts UK: Platz 3; Charts USA: Platz 70

Von vielen als das Album betrachtet, auf dem die Band erstmals richtig Power zeigte – ohne Frage eine Reflektion des wachsenden Selbstvertrauens von David Gilmour –, bietet *Meddle* zwei Klanggedichte und vier Songs, die mehr oder weniger Standard sind. Es wurde von der Band in den Air Studios (das waren die ersten 16-Spur-Aufnahmen der Gruppe), in Abbey Road, Morgan Sound und in Wrights Küche produziert. Angeblich wurde auch an einem Mix für Quadrofonie gearbeitet, doch falls dieser existieren sollte, hat ihn bis jetzt noch niemand gehört.

Das Cover ist eine weitere Schöpfung von Hipgnosis: ein Schweineohr unter gekräuselter Wasseroberfläche, das die Echos des Titelsongs repräsentiert – ideal für eine Band, für die Klangqualität oft genauso wichtig gewesen war wie Melodien und Worte.

One Of These Days

(Mason / Gilmour / Waters / Wright)

In dem Film „Live At Pompeii“ – und auch oft bei Konzerten – wurde der Titel bei seinem vollständigen, etwas unfreundlichen Namen *One Of These Days, I'm Going To Cut You Into Little Pieces* genannt. Das kann man bei der Aufnahme im besonderen, zurückgenommenen Vortrag von Nick Mason hören.

Die Windgeräusche des Anfangs weichen einem bedrohlichen Bassriff (vielen Dank an ein Gerät namens Binson Echo), das einem Keyboard-Staccato und solidem, nicht weiter aufregendem Schlagzeug vorausgeht, ehe die überzeugende Slide-Gitarre zu hören ist. Der Bass wurde doppelt eingespielt, Gilmour auf einem Stereo-Kanal, Waters auf dem anderen. Die unheimlich bekannte Melodie, die nach drei Minuten einsetzt, ist ein Schnipsel aus der Titelmelodie der beliebten TV-Serie „Dr. Who“.

Die Nummer wurde immer gerne live gespielt, z.B. bei BBC „In Concert" im Oktober 1971, dem letzten Mal, dass sie speziell für die BBC auftraten (hier spielten sie auch einen instrumentalen Blues, der bis jetzt nur in Amerika ausgestrahlt worden ist). Sie war der Opener für das zweite Set bei der Tour 1987 / 88. Bei allabendlichen Konzerten im Jahr 1994 kam eine Live-Version heraus, die für die B-Seite der Single *High Hopes / Keep Talking* benutzt wurde.

In „Live At Pompeii" spielt Gilmour die Nummer auf seiner gewöhnlichen Stratocaster, doch bei aktuelleren Konzerten benutzte er eine Pedal Steel Guitar, wie man auf dem Video „Delicate Sound Of Thunder" deutlich sehen kann.

A Pillow Of Winds

(Gilmour / Waters)

Mehr ländliche englische Verträumtheit, die von Rick Wrights Orgel zusammengehalten wird, obwohl sie im Mix nicht dominant wirkt. Genau wie *Fearless* und *San Tropez* bekam die Nummer nie die Chance einer Live-Aufführung, was vielleicht bedeutet, dass diese Nummern von der Band nur als Füllmaterial gesehen wurden.

Fearless

(Gilmour / Waters)

Unauffällig, obwohl der Text von Waters, der von Gilmour zu seiner eigenen Melodie gesungen wird, auf zukünftige Dinge hinweist. Die Coda ist eine A-cappella-Darbietung der Nummer *You'll Never Walk Alone* von Rodgers & Hammerstein, die im Stadion des FC Liverpool aufgenommen worden ist, wo es die Hymne der Fans war.

San Tropez

(Waters)

Eine kleine jazzige Nummer mit viel Piano von Wright. Gilmours unerwartete Hawaii-Gitarre im Mittelteil ist ungewohntes Gebiet, zeigt aber seine Virtuosität.

Seamus

(MASON/GILMOUR/WATERS/WRIGHT)

Schade, dass für die wahrlich authentisch klingende Bluegrass-Gitarre von Gilmour keine bessere Nummer gefunden werden konnte.

Die Darbietung bei „Live At Pompeii" unter dem bizarren Titel *Mademoiselle Nobs*, bei der die Stimme von Gilmour durch sein Mundharmonikaspiel ersetzt wurde und Waters zur E-Gitarre griff, sollte die einzige öffentliche Aufführung des Stücks bleiben – vielleicht war Wrights Hundesitter zu unverschämt.

Echoes

(MASON/GILMOUR/WATERS/WRIGHT)

Die Band füllte die zweite Seite der Platte mit einem 23½ Minuten langen Meisterstück, bei dem sie mehr als zwanzig kurze Riffs und Themen zusammenfügte, die bei Studio-Sessions entstanden waren, bei denen das Band mitgelaufen war. Der Arbeitstitel lautete *Nothing, Parts 1–24*. Im Verlauf der Arbeit wurden die Bänder im Stil eines japanischen Monsterfilms beschriftet: „Son Of Nothing" und „The Return Of The Son Of Nothing" (eine einfache Erklärung für den eher mystisch klingenden Namen, den Bootlegger dem Track manchmal gaben). Der Text früher Aufführungen beschäftigte sich mit den Planeten und dem Weltall, aber zum Zeitpunkt der Veröffentlichung war die Botschaft doch mehr nach innen gerichtet.

Das eröffnende „Ping", das dem Klang eines Sonargeräts ähnelt, wurde von Rick zufällig entdeckt, als er seinen Klaviersound über einen Leslie-Verstärker schickte. Später wurde viel Zeit mit Versuchen verbracht, diesen Sound genau zu rekonstruieren, als sich das aber als unmöglich herausstellte, musste der Effekt von einem der Demos der Aufnahmen bei Abbey Road genommen werden. Abgesehen von dieser Sache war *Echoes* komplett in den Air Studios aufgenommen worden.

Die Spannung in Crescendo, das zur dritten Strophe überleitet, ist wirklich fast unerträglich, doch der Vers selbst ist keine Anti-Klimax, sondern hat mehr von post-koitaler Entspannung. Wenn man sich Live-Aufnahmen anhört, kann man verstehen, dass das Publikum die Musik ewig hätte hören können.

Echoes wurde sehr wirkungsvoll in dem Film „Live At Pompeii" eingesetzt, wo es, in zwei Teilen, das Konzert ohne Publikum beendete. Es war auch der Höhepunkt der BBC „In Concert"-Aufnahme von 1971. Eine weitere Aufführung wurde 1974 von der BBC zur gleichen Zeit wie *Dark Side* ... mitgeschnitten. Es ist anscheinend eine fantastische Aufnahme, aber die Band hat sich immer gegen eine Ausstrahlung gewehrt.

Der Mittelteil von *Echoes* wurde manchmal bei Live-Darbietungen von *Embryo* benutzt. Um am besten verstehen zu können, wie dieser Teil aufgenommen wurde, sollten alle zukünftigen Gitarrenhelden Gilmours Spiel bei „Live At Pompeii" beobachten.

Trotz ihres immer größer werdenden Erfolgs bei Live-Konzerten drückte Roger Waters seine Langeweile bei Konzerten oft dadurch aus, dass er das Stück mit sinnlosen Titeln ankündigte. „Looking Through The Knotholes In Granny's Wooden Leg" war einer davon, genau wie „We Won The Double", den er benutzte, nachdem Arsenal London, seine Lieblingsmannschaft, 1971 die Meisterschaft und den Pokal gewonnen hatte. „The March Of The Dambusters" hätte auch ganz witzig sein können, wenn Pink Floyd zu dem Zeitpunkt nicht in Deutschland gespielt hätten.

Die Studio-Aufnahme von *Echoes* beinhaltet auch eine längere Sequenz des Surf-Films „Crystal Voyager", in dem die Musik zu hören ist, während eine auf einem Surfbrett montierte Kamera Bilder wilder Wellen zeigt. Die Szenen beeindruckten die Band anscheinend, da sie diese Bilder verwandten, als das Stück bei den ersten Konzerten der Tour von 1987 gespielt wurde. Leider fiel die Nummer viel zu bald aus dem Programm, da die Band sich zu langweilen schien. Zu Beginn der 90er wollte eine Werbeagentur die Rechte an *Echoes* und den passenden Ausschnitten von „Crystal Voyager" erwerben, um damit für einen Toilettenreiniger zu werben. Sie hatte keinen Erfolg.

Obscured By Clouds

(EMI CDP 7 46385 2; ursprünglich Harvest SHSP 4020; veröffentlicht am 3. Juni 1972; DVD ASIN 7M5H8 erschienen am 25.03.2003 in Frankreich)

Charts UK: Platz 6; Charts USA: Platz 46

Der Soundtrack zum Film „La Vallée" (auch als „Obscured By Clouds" bekannt) der Regisseurin von „More", Barbet Schroeder, den Pink Floyd in weniger als zwei Wochen in dem berühmten Chateau d'Herouville bei Paris produzierten. Wie bei „More" unterscheidet sich die Musik des Albums stark von den kurzen Ausschnitten im Film, der wieder außerhalb Frankreichs, wahrscheinlich auf Grund der rein französischen Dialoge, nicht als Video erhältlich ist. Er erzählt die Geschichte einer Gruppe Hippies (gähn), die auf der Suche nach einem verlorenen Tal in Neu Guinea zurück zur Natur finden.

Die Aufnahme auf dem Cover ist ein bewusst unscharfes Standbild aus dem Film, ohne den Einfallsreichtum, den man sonst von Hipgnosis gewöhnt ist.

Von vielen Fans übersehen, ist dies von allen Kreationen der Band zu Recht einer der Favoriten von Nick Mason.

Obscured By Clouds

(Waters / Gilmour)

Ein pulsierendes Instrumental, dessen einleitendes Synthesizer-Riff in den 80ern frech für die Werbung für ein Aftershave geklaut wurde.

When You're In

(Waters / Gilmour / Mason / Wright)

Dem vorigen Stück sehr ähnlich, aber mit deutlicherem Schlagzeug. Die beiden Songs wurden im Jahr 1973 zusammen gespielt.

Burning Bridges

(Wright / Waters)

Von Gilmour und Wright gesungen bleibt diese sonst unauffällige Ballade durch die gefällige Gitarre im Gedächtnis, die nur wenig mit Gilmours Arbeit auf den folgenden Alben gemeinsam hat. Es ist eine von nur drei Gemeinschaftsarbeiten von Wright und Waters. Die anderen sind *Stay* und *Us And Them*.

The Gold It's In The ...
(WATERS/GILMOUR)

Diese raue Rocknummer, von Gilmour gesungen, profitiert von den Umständen, die der Band durch die knappen Deadlines für ihre Arbeit aufgezwungen waren. Hier wird der Mythos korrigiert, dass sie ohne Studio-Tricks aufgeschmissen wären.

Wot's ... Uh The Deal
(WATERS/GILMOUR)

In der ersten Hälfte des Songs singt Gilmour zu einer einfachen akustischen Gitarre, zu der später Schlagzeug und Bass hinzukommen. Wright steuert dann ein Klavier-Solo bei, bevor Gilmour mit der elektrischen Gitarre antwortet. Obwohl hier keines der Markenzeichen von Pink Floyd zu finden ist, macht gerade die Einfachheit den Song zu einem der unerwarteten Schätze des Albums. Doch warum ist da noch ein viertöniges Orgel-Riff am Ende zu hören?

Mudmen
(WRIGHT/GILMOUR)

Bis zu *Cluster One* auf *The Division Bell* ist dies die einzige Nummer in der Geschichte von Pink Floyd, bei der Wright und Gilmour als alleinige Komponisten angegeben werden. *Mudmen* ist ein Instrumental mit schwebender Orgel und Gitarrenstrukturen, in dem man zwei Solos hören kann, die die Geburt jenes Stils einläuten, den Gilmour in den späten 70ern und 80ern so erfolgreich einsetzte; sowohl bei Pink Floyd als auch bei seinen vielen Gastspielen bei anderen Künstlern.

Childhood's End
(GILMOUR)

Abgesehen von dem umstrittenen ersten Stück von *Dark Side ...* war dies der letzte Song von Pink Floyd, der ohne Erwähnung von Waters aufgenommen wurde, und auch Gilmours letzter Text für den Rest der Zeit, die Waters noch bei der Band war. Es wird angenommen, dass der Titel von dem gleichnamigen Buch des Autors Arthur C. Clarke stammt.

Dies ist hauptsächlich das Werk des Komponisten, obwohl sein Gesang und die eindringliche Gitarre gut von Wrights Orgel und dem Schlagzeug von Mason unterstützt werden. Der Song wurde Ende '72 und Anfang '73 einige Male live gespielt. Das exakte Schlagzeug-Pattern von Mason in der 2. Minute tauchte bei *Time* wieder auf.

Free Four
(Waters)

Ein weiterer Gitarren-Rocker, der seinen Titel von dem Einzähler „One, two, ´free, four" ableitet und, mit Ausnahme von England, in mehreren Ländern als Single auf den Markt kam.

Der Text ist der erste direkte Bezug von Waters zum Kriegstod seines Vaters, ein Thema, das bei *The Wall, The Final Cut*, und, etwas allgemeiner gehalten, bei *Us And Them* auf *Dark Side* ... eine Schlüsselrolle spielte. Waters bringt auch einen Seitenhieb auf das Rock-Business, indem er sich über die Notwendigkeit einer weiteren US-Tour beklagt. Der Text war für das Album neu geschrieben worden, im Film taucht ein Vers auf, der sehr an einige Zeilen zum Thema *„taking a slice"* in *Money* erinnert. Es gibt noch andere kleine Abweichungen im Text.

Stay
(Wright/Waters)

Von Wright gesungen. Es scheint eine herzzerreißende Ballade zu sein, gar nicht typisch für Pink Floyd. Doch da taucht noch der Haken auf: Der Erzähler kann sich in der Morgendämmerung nicht mehr an den Namen der Frau erinnern, mit der er aufwacht (vielleicht ein Groupie?) und bittet sie, zu gehen.

Absolutely Curtains
(Waters/Gilmour/Wright/Mason)

Indem er vielleicht die technischen Möglichkeiten des neuen Studios ausnutzte, nahm Wright die Gelegenheit wahr, nicht nur das übliche Mellotron und die Orgel, sondern auch ein Instrument, das verdächtig nach Cembalo klingt, einzusetzen. Die letzten beiden Minuten im Song kann man den Gesang der Eingeborenen von Neu Guinea hören – Pink Floyd waren sogar auf dem Gebiet der sogenannten „Weltmusik" allen voraus.

Live At Pompeii

(Video 080 730 3; UA: September 1972; DVD The Director's Cut; Universal 8201310-18; veröffentlicht am 14.08.2003)

Songs: *Instrumental; Echoes Part I; Careful With That Axe, Eugene; A Saucerful Of Secrets; Us And Them; One Of These Days I'm Going To Cut You Into Little Pieces; Set The Controls For The Heart Of The Sun; Brain Damage; Mademoiselle Nobs; Echoes Part II.*

Dieser Film ist ein weiterer wichtiger Meilenstein in der Geschichte von Pink Floyd. Ein Auftritt ohne Publikum, der im Amphitheater der römischen Stadt Pompeji gefilmt wurde. Trotz einiger Überblendungen zur Studio-Arbeit der Band fängt der Film unter der Regie von Adrian Maben den Geist der Live-Auftritte dieser Zeit hervorragend ein. Wir sehen hier auch Interviews und Szenen, in denen die Band bei der Arbeit zu den Aufnahmen für *Dark Side ...* in den Abbey Road-Studios beobachtet werden kann. Dazu gehört die denkwürdige Bemerkung von David Gilmour: „Jesus, wo wäre denn der Rock'n'Roll ohne Rückkopplung", die er machte, als Roger Waters ihn damit aufzog, dass er einen unsauberen Gitarrenklang durchgehen ließ, und die weniger wichtige Feststellung von Nick Mason, dass er Apfelkuchen *ohne* Kruste lieber mag.

Von dem Instrumental zu Beginn gibt es zwei verschiedene Versionen. Eine wird im Originalfilm verwendet, die andere auf allen erhältlichen Video-Ausgaben. Beide sind nur elektronisches Gedudel. Achtung: Die älteren Ausgaben des Videos enthalten nicht die Interviews und die Aufnahmen von Abbey Road. Im Kontrast zum Video bietet die DVD einen Director's Cut, bei dem das Material mit neuen Animationen versehen wurde, die viele Fans als unpassend empfinden. Da aber auch der Originalfilm in voller

Länge zu sehen ist und zudem viele Bonus-Features, wie z.B. Texte, Interview-Sequenzen und eine Foto-Galerie kreiert wurden, ist die DVD die umfangreichste Dokumentation des Ereignisses.

(The) Dark Side Of The Moon

(EMI 8 29752 2; URSPRÜNGLICH HARVEST SHVL 804; VERÖFFENTLICHT IM MÄRZ 1973; HYBRID SACD: LC 0542; VERÖFFENTLICHT AM 31. MÄRZ 2003)
CHARTS UK: PLATZ 2; CHARTS USA: PLATZ 1

Ohne Zweifel war das DER Hammer! Statistisch gesehen wird diese Platte zu jeder Minute des Tages immer irgendwo auf diesem Planeten gespielt. In zwanzig Prozent aller britischen Haushalte gibt es ein Exemplar. Die Veröffentlichung der Platte war nicht das Debüt des Werks, da die erste Aufführung mit dem Untertitel „A Piece For Assorted Lunatics" bereits Anfang 1972 stattfand, aber während *Money* auf Grund eines Stromausfalls abgebrochen wurde. Der Titel *Dark Side Of The Moon* lehnt sich an die okkulte Bezeichnung des Unterbewussten an. Die Band Medicine Head hatte jedoch Ende 1971 ein Album mit dem gleichen Titel herausgebracht, und so wurde der geplante Name in *Eclipse* abgeändert. Als sich das Album von Medicine Head als Flop erwies, wurde der ursprüngliche Titel von Pink Floyd wieder aufgegriffen, aber nicht einmal sie waren sich sicher, wie sie ihr neues und selbst produziertes Album nennen sollten. Die ersten Ausgaben hießen *The Dark Side Of The Moon*, ebenso die erste CD-Auflage. Bei späteren Ausgaben (sowohl LP als auch CD) wurde der lästige bestimmte Artikel weggelassen.

Dark Side ... war das erste Album einer ganzen Reihe, bei denen alle Texte von Roger Waters stammten. Die Bedeutung seiner dichterischen Fähigkeiten wird durch die Tatsache unterstrichen, dass dies das erste Album von Pink Floyd war, bei dem die Texte auf der Hülle abgedruckt waren (die neueren Ausgaben früherer Platten auf CD sind zusätzlich mit Texten versehen worden). Die Idee, Songs mit Themen wie Verrücktheit, Altern, Arbeit und Tod – Themen, die jeden von uns beschäftigen – zu verbinden, kam bei einem Treffen der Band in der Küche von Mason auf.

Die Aufnahmen fanden 1972 statt, die ersten im neuen 24-Spur-Studio in Abbey Road. Der Tontechniker war Alan Parsons, der damals etwa € 50,- in der Woche bekam. Nachdem er für seine Arbeit an dem Album einen Emmy erhalten hatte und auf der Tournee für den Sound von Pink Floyd als Mischer gearbeitet hatte, baute er, sehr zum Ärger von Gilmour, seine gesamte Karriere mit eigenen Platten auf der Imitation der Klanglandschaften von Pink Floyd auf.

Sogar zu diesem Zeitpunkt in der Karriere von Pink Floyd bestanden starke Spannungen zwischen Waters und Gilmour. Der Produzent Chris Thomas wurde herbeigerufen, um beim Endmix zwischen ihnen zu vermitteln. Der Mix wurde so angelegt, dass alle Songs, mit Ausnahme der Pause zwischen den beiden Plattenseiten (also vor *Money*) ineinander übergingen. Auf einer Quadrofonie-Version (Q4SHVL 804) ist der Mix etwas anders, besonders bei den gesprochenen Stellen der letzten beiden Stücke. Das kann man auf *Works* hören. Aber die Quadro- und Mono-Versionen unterschieden sich nicht so deutlich von der Stereo-Version wie andere Platten von Pink Floyd. Allerdings wurde der Quad-Mix 1988 in Australien nochmal herausgebracht (Pink Vinyl). Ein Masterband mit Quadro-Aufnahmen, das für die Vinyl-Ausgabe verwendet werden sollte, wurde in Amerika versehentlich für die erste Auflage der CD benutzt.

Obwohl das Album in England nur auf Platz 2 kam und in Amerika nur eine Woche auf Platz 1 stand, ist die Präsenz in den Charts unerreicht und wird es wohl auch bleiben. Mit winzigen Unterbrechungen war die Platte mehr als 800 Wochen – das sind 15 Jahre – in den Top 200 von Amerika vertreten!

Der Saxofonist war Dick Parry, ein relativ unbekannter Studio-Musiker, der aber wie die Band aus Cambridge stammte. Er war eine ausgezeichnete Wahl und begleitete sie die nächsten beiden Jahre, und auch 1994 wieder, auf Tourneen.

Neben dem berühmten Beitrag von Clare Torry (später mehr davon) wurde der Backgroundgesang von den bekannten Studio-Sängerinnen Liza Strike, Barry St. John und Leslie Duncan sowie der erfahrenen Gospel-Sängerin Doris Troy eingesungen. Zwei farbige Sängerinnen, Carlena Williams und Vanetta Fields, bekannt als die „Blackberries", wirkten bei Aufführungen nach Veröffentlichung des Albums mit. Die Band spielte das Werk mindestens 385 Mal, bis sie nach dem Festival in Knebworth im Jahr 1975 eine fast 20-jährige Pause von dem Stück einlegten. Die BBC hat 1974 in Wembley (damals „Empire Pool") eine hervorragende Darbietung aufgenommen, die aber nur gelegentlich gesendet wird; die Band weigert sich leider, ihr Einverständnis zu einer offiziellen Veröffentlichung zu geben.

Jeder Titel des Albums – mit Ausnahme von *Speak To Me* und *Any Colour You Like* – ist von Gilmour oder Waters auf ihren jeweiligen Solo-Tourneen gespielt worden, und Pink Floyd haben das Gesamtwerk für einige Auftritte in Amerika und Europa im Jahr 1994, die auch mitgeschnitten und auf dem Doppel-Livealbum *Pulse* veröffentlicht wurden, wieder ausgegraben.

Das Originalcover ist eines der besten und bekanntesten der Rockmusik. Ein Triumph der Einfachheit. Es wurde von Hipgnosis entworfen und von George Hardie gezeichnet. Hipgnosis bot der Band mehrere unterschiedliche Entwürfe an. Das Treffen dauerte nach Angaben von Thorgerson „ungefähr drei Sekunden, in denen die Bandmitglieder ihre Augen über alles gleiten ließen, sich ansahen, unisono ‚dieses' sagten und dann den Raum verließen". Auf dem Cover kann man zwei Fehler finden. Erstens findet man kein Violett im Spektrum, um den Entwurf schlicht zu halten. Und zweitens zeigt die Rückseite ein Prisma, das ein konvergierendes Spektrum hervorbringt – physikalisch unmöglich, aber nötig, damit aufgeklappte Cover aneinander gelegt werden konnten und ein endloses, Mandala-ähnliches Muster zeigten, was für die Präsentation in Plattenläden praktisch war.

Der Vinyl-Ausgabe waren zwei Aufkleber und zwei Poster – eines eine Sammlung von Live-Bildern, das andere eine Nachtansicht der Pyramiden von Gizeh – beigelegt. Aus unerfindlichen Gründen sind bei der amerikanischen Ausgabe wieder andere dabei. Die japanische Pressung verfügte über ein schönes Booklet. Die Band wollte das ganze Material in einer Box anbieten, doch EMI lehnte dies aus Kostengründen ab. Zwanzig Jahre später gaben sie nach und aus dem überarbeiteten Masterband wurde eine limitierte CD-Box (EMI 7 81479 2) angefertigt. Die Box enthielt auch ein neues Booklet, überarbeitetes Bildmaterial und fünf so genannte „Künstlerkarten". Ein Jahr darauf wurde das neue Masterband für die Neuauflage des Albums bei EMI benutzt. Kurze Zeit später wurde die Scheibe die erste Mini-Disc von Pink Floyd (EMI 8 29752 8).

Trotz des klareren Klangs und der schönen Beigaben ist die Neuauflage der CD aus dem Jahr 1994 schlechter als die des Originals der ersten CD-Auflage. Das vertraute Prisma, eine Air-Brush-Zeichnung, wurde durch die hart wirkende Fotografie eines echten Glas-Prismas ersetzt, auch die Live-Bilder und die Abbildung der Pyramiden wurden ersetzt (die Originalposter wurden für das Booklet der ersten CD bearbeitet), und der Fotogramm-Hintergrund ist einfach nur schäbig.

Zum 30. Geburtstag im Jahr 2003 erschien das Album als Hybrid SACD. Hierauf wirken dank des transparenten Klangs nicht nur z. B. der Bass in *Money* und die Orgel in *Eclipse* noch knackiger und fetziger, sondern auch die Soundeffekte wie das Klingeln des Weckers oder der Registrierkasse noch räumlicher.

Speak To Me

(Mason)

Nach der Eröffnung durch das beruhigende Geräusch eines schlagenden Herzens bildet diese einleitende Soundcollage eine Ouvertüre zum Rest der Suite, in der Klänge von anderen Teilen des Albums mit dem manischen Gelächter und den verbalen Einwürfen eines Road Managers (keiner von Pink Floyd) mit dem Spitznamen Roger the Hat verarbeitet werden. Zu den Beiträgen von Roger gehört auch der berühmte Satz „I've been mad for fucking years", der live viel deutlicher zur Wirkung kam.

Roger Waters hat seit damals behauptet, er habe die Nummer geschaffen und der Credit für Mason (sein einziger Solo-Credit außer bei *Ummagumma*) sei nur ein Geschenk gewesen.

Der Beitrag von „The Hat" stammt, wie auch andere auf diesem Album, von einer Session, bei der Waters Karten mit Fragen wie „wann hast du zuletzt gebumst" oder „was denkst du über den Tod" hochhielt und die Antworten der Anwesenden aufnahm. Einer der Mitwirkenden war Paul McCartney, dessen Antwort aber als zu vorsichtig abgelehnt wurde.

Obwohl *Speak To Me* und *Breathe* auf der neuesten CD-Ausgabe getrennt angeführt werden, sind sie eigentlich, wie auf den ersten CD-Ausgaben, ein Track. Um noch mehr Verwirrung zu erzeugen: Sie werden auf der CD in der Box *Shine On* als zwei Stücke angeführt.

Breathe In The Air

(Waters/Gilmour/Wright)

Wieder ein Durcheinander beim Titel des Songs, der manchmal, zum Beispiel auf der Remaster-CD, nur *Breathe* genannt wird (in der Box *Shine On* sind beide Namen aufgeführt). Vielleicht sollte der längere Titel den Song von einem anderen Track namens *Breathe* unterscheiden, der auf dem Soundtrack *The Body* zu finden ist, den Waters 1970 mit Ron Geesin aufgenommen hat. Die beiden Songs haben die gleiche Anfangszeile und mit ein wenig Fantasie kann man leicht hören, wie der eine zum anderen mutiert ist. Die erste Zeile des zweiten Verses dagegen ist der Titel eines Songs, der 1939 ein „Hit" war. Flanagan und Allen sangen ihn in dem Film „The Little Dog Laughed" von The Crazy Gang.

Bis zur Tour 1994 spielten Pink Floyd die Nummer nur als Teil der kompletten Show von *Dark Side ...*, aber Waters führte sie während der Konzerte seiner Tourneen in den Jahren 1987, 2000 und 2002 als eigenständigen Song auf.

On The Run

(Gilmour/Waters)

Der Titel ist Waters' Darstellung der Paranoia; ein Thema, das im Material der Tour 1987 noch verstärkt wurde. Der Film zeigt einen Mann, der an ein Bett gefesselt, immer schneller durch einen Krankenhauskorridor gerollt wird, bis er eine Tür durchbricht und mit dem Bett von der unmittelbar anschließenden Startbahn abhebt. An dieser Stelle flog im Konzert ein aufblasbares Bett an Drähten über die Bühne und ging mit einer Explosion in Flammen auf. Musik und Film waren seitdem ein fester Bestandteil des Programms von Floyd.

Das Stück wurde hauptsächlich auf einem VCS3 Synthesizer geschaffen. Man kann Waters in dem Film „Live At Pompeii" beim Spielen einer frühen Version in Abbey Road beobachten. Die Szene gewährt einen seltenen Einblick in die Studio-Arbeit von Pink Floyd. Für das Geräusch der Schritte am Ende will Techniker Parsons verantwortlich gewesen sein.

Bei Aufführungen vor Erscheinen des Albums war dieser Teil der Suite völlig anders, basierte mehr auf Gitarren und bot ein Keyboard-Solo.

Time

(Mason / Waters / Wright / Gilmour)

Die berühmte Kakofonie aus schlagenden Uhren war ein Quadrofonie-Testband für EMI, das Parsons angefertigt hatte und immer noch praktisch beim Test und Vergleich von HiFi-Anlagen ist. Das Stück zeigt Waters' Besorgnis über das Altern – bemerkenswert für einen Song, der geschrieben wurde, als er gerade einmal 28 Jahre alt war – und seine Angst, das Leben würde an ihm vorbeigehen. Kaum zu glauben bei jemandem, dem so großer Erfolg zuteil werden sollte. Gilmour und Wright, der letztere von den Studio-Sängerinnen unterstützt, singen abwechselnd die Strophen, wobei Wright den sanfteren Stil an den Tag legt. Das Gitarren-Solo von Gilmour ist einzigartig und wird einer seiner Klassiker bleiben. Frühere Live-Versionen waren viel langsamer und verfügten über einen schier wahnsinnigen Harmoniegesang von Gilmour und Wright.

Der Text von Waters über *„hanging on in quiet desperation is the English way"* stammt aus dem Buch „Walden", dem autobiografischen Werk des Amerikaners Henry David Thoreau aus dem Jahr 1854 und lautet im Original *„The mass of men lead lives of quiet desperation"*. Nach den abschließenden pessimistischen Zeilen folgt ein weiterer Vers mit dem Untertitel *„Breathe Reprise"*, der auf der Aufnahme eines Bootlegs fehlt.

Eine amerikanische Single wiederholt dank geschickter Studio-Arbeit die Roto-Toms von Mason am Ende nochmal.

The Great Gig In The Sky

(Wright)

Dies ist mit Sicherheit der verführerischste Song über den Tod überhaupt. Auf Vorschlag von Alan Parsons wurde Clare Torry geholt, um den fast schmerzhaft schönen Gesangspart zu übernehmen. Sie nahm mehrere Takes in verschiedenen Lautstärken und Tonhöhen auf, und aus diesen wurde der Song zusammengesetzt. Obwohl sie ihren Part im Studio improvisierte, bekam sie keinen Credit als Komponistin. Viele meinen heute, dass er ihr zugestanden hätte. Stattdessen erhielt sie das Doppelte des üblichen mickrigen Honorars – ganze 30 Pfund!

Torry war trotzdem nicht sauer, sondern wiederholte ihre Darbietung auf der Bühne sowohl bei den Shows von Roger Waters in London im Jahr 1987 als auch mit Pink Floyd 1990 in Knebworth. Sie verdiente später wesentlich mehr, als dieser Track als erstes Stück von Pink Floyd offiziell in einem Werbespot für das Fernsehen (in diesem Fall für das Schmerzmittel Neurofen) verwendet wurde. Nach Einholung der Erlaubnis zur Verwendung des Songs bei Wright (der als Komponist als einziger das Recht hatte, zuzusagen oder abzulehnen) engagierte die Agentur Torry, um das Original mit Studio-Musikern neu aufzunehmen. So verdiente sie bei jeder Ausstrahlung des Werbespots.

Frühe Live-Versionen, die unter dem Titel *The Mortality Sequence* bekannt sind, waren ziemlich lahm und enthalten eine Ansprache des Journalisten und Moralapostels Malcolm Muggeridge sowie auf Band aufgenommene Bibellesungen zu Keyboardbegleitung. Der Song kehrte Anfang 1988 ins Live-Programm von Pink Floyd zurück und blieb auch dort.

Auf der CD wird *Great Gig* ... in den folgenden Track überblendet; das verbirgt den ursprünglichen Break, der dadurch entstand, dass der nächste Song auf der anderen Seite der Platte war.

Money

(Waters)

Das andere große Stück Musique concrète auf diesem Album beginnt mit einem von Speaker zu Speaker wandernden rhythmischen Klingeln von Registrierkassen, das den bekanntesten Song ankündigt. Geschaffen wurde dies durch sorgfältige Markierung der Originalaufnahmen und Schneiden des Bands in winzige Stücke, die auf den Boden des Studios aufgereiht und sorgfältig zusammengesetzt wurden, bis das Klingeln der Münzen und Kassen zum Takt passte – eine Aufgabe, die in Minuten hätte erledigt werden können, wenn die Band schon über die heutzutage üblichen Sampler und Sequenzer verfügt hätte. Parry steuerte wieder gelungen das aggressive Sax bei.

Waters' Bemerkung über Lear Jets ist ironisch gemeint, da Mason und Gilmour gerade eine Pilotenausbildung machten. Der letztere (der auch sang) gründete seine eigene Gesellschaft, flog und warb für seine eigene Sammlung klassischer Flugzeuge.

Eine bearbeitete Version von *Money* wurde in Amerika als Single vermarktet, eine Rarität, die in England nur auf dem Vinyl-Sampler *Rock Legends* (Telstar STAR 2290) erhältlich war. Der Chart-Erfolg der Single – sie erreichte Platz 13 – veränderte die Geschicke der Band komplett. Auch das Publikum änderte sich, und sie konnten nie wieder leise Passagen spielen, ohne dass diese im Geschrei der Fans untergingen.

Es ist das am meisten gespielte Stück in der Geschichte der Band, das als Zugabe bei der *Animals*-Tour 1977, bei den Solo-Tourneen von Gilmour und Waters, und bei allen folgenden Konzerten von Pink Floyd eingesetzt wurde.

Waters produzierte 1987 eine Pseudo-Live-Fassung als B-Seite für eine Single, und Gilmour gestattete die Sendung eines kurzen Ausschnitts des originalen Demos von Waters, bei dem der Komponist selber zu seiner doppelt aufgenommenen, rohen Akustikgitarrenbegleitung sang, als er im Juli 1992 Gast in der Radio One Show von Nicky Home war.

Us And Them
(Waters / Wright)

Wright komponierte dieses Lied ursprünglich als einfachen Klaviersong für *Zabriskie Point* mit dem Arbeitstitel *The Violent Sequence*. Vor *Dark Side* ... wurde der Song nur einmal bei dem

Konzert 1970 zu Gehör gebracht, das Pink Floyd ohne ihre übliche Anlage spielten. Er dauerte damals 21 Minuten! Wright kann auf dem Video „Live At Pompeii" bei der Arbeit an seinem Klavierpart gesehen werden.

Diese Version wird, anders als das Original, von Parrys Saxofon unterstützt, der hier viel entspannter spielt als bei *Money*. Waters sang die frühen Live-Versionen, aber Gilmour durfte auf der Platte singen. Wright sang die heftigeren Teile in der aggressiveren zweiten und in der letzten Strophe. Der Text, der sich gegen Krieg und Hierarchien richtet, könnte direkt von *The Wall* stammen.

1977 gelegentlich als Zugabe gebracht, wurde *Us And Them* in der Zeit nach Waters zu einem festen Bestandteil des Pink Floyd-Programms.

Eine frühe Studio-Version mit einem anderen Saxofon-Mix ist auf einem Bootleg erschienen.

Any Colour You Like

(Gilmour/Mason/Wright)

So unwahrscheinlich es klingt: Dieses Instrumentalstück (Synthesizer und Gitarre) ist die einzige Komposition im ganzen Werk von Pink Floyd, die von den „anderen drei" ohne Waters geschrieben wurde, während dieser noch in der Band war. Der Titel stammt von einer oft falsch zitierten Anzeige für den weltweit ersten am Fließband produzierten Wagen, den Ford Model T, in der den Käufern die Wahl „any colour you like, so long as it's black" angeboten wurde.

Brain Damage

(Waters)

Dieser Song, der am ehesten der Titeltrack sein könnte (es ist der einzige Song auf dem Album, in dem die Worte *„the dark side of the moon"* vorkommen), und der folgende sind Waters' einzige Gesangsbeiträge auf der Platte. Die beiden Songs sind immer zusammen aufgeführt worden, auch bei den Solo-Tourneen des Komponisten.

In „Live At Pompeii“ kann man sehen, wie Waters den Bass auf ein Tape spielt, auf dem schon sein kompletter Gesang ist. Später fügt Gilmour noch Gitarrenstimmen hinzu. Eine Version von 1972 ist einer der wenigen Outtakes von Pink Floyd nach den 60ern, die auftauchten.

Die Textzeile *„the lunatics on the grass“* stammt aus einem nicht aufgenommenen Song, den Waters während der Sessions zu *Meddle* 1971 geschrieben hat. Der Titel? *The Dark Side Of The Moon*!

Eclipse

(Waters)

Eclipse demonstriert eine der bevorzugten Kompositionstechniken von Waters, wenn er nicht weiter wusste: Mach im Zweifel eine Liste. Diese „List-o-Manie“ kann man auf seinen meisten folgenden Alben mit Pink Floyd und auf einigen seiner Solo-Werke erkennen. Die Worte wurden erst geschrieben, wenn die Band nach einigen Live-Darbietungen erkannte, dass das Werk einen Abschluss brauchte.

Das Album endet wieder mit dem Schlagen des Herzens, wobei Jerry Driscoll, der Pförtner von Abbey Road, im Hintergrund fröhlich ruft: „There is no dark side of the moon – matter of fact, it's all dark!“ (Es gibt keine dunkle Seite des Mondes – tatsächlich ist da alles dunkel!)

Wirklich? Die Seiten von „The Amazing Pudding“, dem unabhängigen Fanzine über Pink Floyd und Roger Waters, waren zu Beginn der 90er fast zwei Jahre lang mit Diskussionen über ein Musikstück gefüllt, das während der letzten Herzschläge ganz leise im Hintergrund zu hören war. Einige hielten es nur für Einbildung, aber man konnte auf der Remaster-CD, wenn man die Lautstärke aufdrehte, tatsächlich ein Streichorchester hören, das am Ende der Worte von Driscoll fast unhörbar *Ticket To Ride* spielte. Anderen Ausgaben wie der früheren CD aus England fehlte dieses Phänomen, aber hier hörte man dafür bei 1'41" eine Stimme flüstern. Die Erklärungen reichten von einem Witz der Band über Interferenzen beim Abmischen über den Einsatz eines gebrauchten Bands bis zu einer Aufführung in einem benachbarten Studio, die aus Versehen auf der Aufnahme gelandet war. Alle Erklärungen erscheinen gleichermaßen unwahrscheinlich.

Wish You Were Here

(EMI 8 29750 2; URSPRÜNGLICH HARVEST SHYL 814;
ZUERST AUF CD ALS HARVEST CDP 7 46035 2;
VERÖFFENTLICHT AM 15. SEPTEMBER 1975)
CHARTS UK: PLATZ 1; CHARTS USA: PLATZ 2

Es war schwierig für die Band, nach *Dark Side* ... etwas zu machen. Sie brauchten schließlich zwei Jahre mit viel Herzschmerz und einem abgebrochenen experimentellen Album, zwei (vorübergehend) beiseite gelegten Ideen für Songs, das Erscheinen eines überaus erfolgreichen Bootlegs und das versehentliche Löschen eines Bands, ehe sie so weit waren. Die Story beginnt jedoch nicht im Studio, sondern mit diesem Bootleg.

1974 begannen die Fans eine Platte zu kaufen, die sie für das neue Album von Pink Floyd hielten, nämlich *British Winter Tour '74*. Tatsächlich war es ein gut verpacktes Bootleg mit Live-Aufnahmen von drei neuen Songs: *Raving And Drooling*, *Gotta Be Crazy* und *Shine On You Crazy Diamond*. Obwohl der letztere Titel für dieses Album aufgenommen werden sollte, kamen die anderen beiden Songs (die live in etwas anderen Versionen auf der *Wish You Were Here*-Tour 1975 gespielt wurden) erst zwei Jahre später nach weiteren Änderungen auf Vinyl.

Das Album wurde wieder von Pink Floyd in den Abbey Road-Studios produziert. Obwohl die Musik überwiegend gemeinsam geschrieben wurde, stammten alle Texte von Roger Waters. Vanetta Fields und Carlena Williams, die Sängerinnen von der Tour, gehörten zu den Gastmusikern im Studio.

Die Aufnahmen erwiesen sich als sehr schwierig für die Band, die den Erfolgsdruck durch die Tatsache ausgleichen musste, dass sie alle ihre Wünsche erreicht hatten. Mason war besonders desinteressiert, da seine Ehe (wie die von Waters) zerbrach und das Schlagzeugspielen momentan keine Priorität für ihn besaß. Doch der Rest der Band war auch von Langeweile, Erschöpfung und Unbehagen erfüllt, was es sehr schwierig machte, sich auf die Aufnahmen zu konzentrieren. Die Band war zu diesem Zeitpunkt wirklich kurz davor, sich aufzulösen; Waters meinte, dass man das Album ohne weiteres *Wish We Were Here* hätte nennen können. Trotzdem bezeichnen Wright und Gilmour es inzwischen als ihr Lieblings-Album mit Pink Floyd.

Das Cover, ein weiterer Triumph für Hipgnosis, ist für die CD nie richtig umgesetzt worden. Zu Beginn stand das Album in einer schwarzen Plastikhülle in den Läden, auf der ein Sticker mit den Roboterhänden von George Hardie vor einem vierfach unterteilten Hintergrund klebte, der die vier Elemente Erde, Luft, Feuer und Wasser repräsentierte (Grundlage des Covers der ersten CD in England). In der Hülle befand sich ein reguläres Cover mit Innenhülle. Jedes Gesicht war einem der Elemente zugeordnet in Verbindung mit jemand, der „nicht da" war. Der brennende Mann ist offensichtlich total weggetreten, da er die Hitze nicht fühlt (Feuer). Die Gestalt in der Wüste (Erde) hat kein Gesicht und in seinen Ärmeln sind keine Arme zu sehen. Der Schal im Wind (Luft) verbirgt eine nur schwach zu sehende nackte weibliche Figur (im Booklet der neu aufgelegten CD wurde eine andere Version verwendet), und der Taucher (Wasser, auf der neuen CD wieder anders) erzeugt im Wasser keine Spritzer beim Eintauchen. Der brennende Mann war bei CDs außerhalb Englands und bei der zweiten Auflage in England auf dem Cover. Auf den CDs fehlen auch die „Frame Breaks" – ursprünglich verlief jedes der vier Bilder nach außen. Der Vinyl-Ausgabe war noch eine Postkarte mit einer Abbildung des Tauchers beigelegt. Und um es noch etwas komplizierter zu machen, unterscheiden sich auch die Vinyl-Ausgaben, denn die Bilder des brennenden Mannes waren in einigen Ländern unterschiedlich gestaltet.

Eine Quadro-Version des Albums (Harvest Q4SHVL 814) wurde veröffentlicht, obwohl hier die Unterschiede zur Stereo-Fassung nicht so groß sind wie bei *Atom Heart Mother* und *Dark Side* ... Das Album gab es auch in Form zweier unterschiedlicher Picture Discs und in farbigem Vinyl.

Shine On You Crazy Diamond (Part 1)

(Waters / Wright / Gilmour)

In Frankreich im Juni 1974 zum ersten Mal gespielt, war *Shine On* ... eines von drei neuen Stücken. Die anderen beiden, *Raving And Drooling* und *Gotta Be Crazy* wurden für *Animals* aufgehoben, wo sie unter neuem Titel erschienen. *Shine On* ... wurde unterdessen zum Mittelpunkt des Albums. Der Song war in zwei Parts unterteilt, welche die drei konventionellen Songs einrahmten. Und ursprünglich von Gilmours melancholischem Gitarrenthema inspiriert, finden wir hier außerdem Wrights beste Keyboard-Arbeit überhaupt. Ein weiterer Höhepunkt des Songs ist wieder einmal das Saxofon von Dick Parry. Der Text passt zur vorherrschenden Traurigkeit der Musik und handelt unmissverständlich von Syd Barrett – der einzige Text im Werk von Waters, der sich direkt auf seinen früheren Mit-Musiker bezieht. Während der Abmischung des Tracks besuchte eine kahl werdende, etwas dickliche Gestalt die Band im Studio. Zuerst erkannte ihn niemand, man dachte, er sei ein Techniker von EMI, bis der Groschen endlich fiel – es war Syd. Als die Band das Tape immer wieder abspielte, um den besten Mix zu finden, sagte er unschuldig: „Was macht ihr euch so viel Mühe? Ihr habt es doch schon einmal gehört."

Die Aufnahme des Songs brachte einige Probleme mit sich. Die Band entschied, dass die erste Version nicht gut genug sei. Also wurde nach einigen Tagen vergeudeter Arbeit eine neue Aufnahme gemacht. Als diese zur Hälfte fertig war, stellte man fest, dass jemand irrtümlich zwei Spuren mit Echo versehen hatte, die nun wertlos waren; die Arbeit musste noch einmal von vorne beginnen.

Die Vinyl-Ausgabe unterteilte diesen Song in die Parts 1–5 mit folgenden Angaben für Komponist und Zeit: Part 1 (Wright / Waters / Gilmour); Part 2 (Gilmour / Waters / Wright; 2'09"); Part 3 (Waters / Gilmour / Wright; 3'54"); Part 4 (Gilmour / Wright / Waters; 6'27"); Part 5 (Waters; 8'42"). Der Gesang ist daher in Part 5.

Irgendwo in *Shine On* ... steckt ein Teil des abgebrochenen Albums *Household Objects*, das die Band eigentlich nach *Dark Side* ... bringen wollte. Es wurde vollständig ohne Musikinstrumente aufgenommen, und die Band verbrachte Stunden im Studio damit, Streifen von

Klebeband und mit Wasser gefüllte Weingläser zu stimmen – das wäre alles nicht nötig gewesen, wenn es 1975 schon den Fairlight Synthesizer gegeben hätte.

Beide Teile von *Shine On* ... blieben bis zum Ende der Tour von 1977 im Programm. Die Teile 1–5 wurden auf der Tour 1987/89 wieder gespielt und finden sich auch auf dem Album *Delicate Sound Of Thunder* wieder. Sie wurden auch 1990 in Knebworth sowie auf der Tour im Jahr 1994 gespielt.

Welcome To The Machine

(Waters)

Waters brachte die Verse ins Studio mit, wo der Song fertiggestellt wurde, und benutzte ausgiebig seinen geliebten VCS3 Synthesizer. Der Track wurde auf der *Animals*-Tour 1977, bei den Solo-Konzerten von Waters und bei fast allen Auftritten von Pink Floyd nach der Zeit mit Waters gespielt.

Die Band bezeichnet ihn meistens als *The Machine Song*, was wahrscheinlich der Arbeitstitel war.

Have A Cigar

(Waters)

Da er erstmals live im April 1975 – mit Gesang von Waters – gespielt wurde, ist es wahrscheinlich, dass der Song während einer der frühen Studio-Sessions für das Album geschrieben wurde. Als Waters Schwierigkeiten hatte, die Melodie zu singen und Gilmour diese Aufgabe mit Hinweis auf den „klagenden“ Text (wenn er gewusst hätte, was ihn noch erwartete!) auch ablehnte, schlug Waters vor, Roy Harper zu nehmen, einen Kollegen von Harvest und Freund, für dessen Album *HQ* Gilmour bereits Gitarrenparts eingespielt hatte. Waters bereute später diese Entscheidung: „Nicht, weil er schlecht gesungen hat ... aber das sind nicht mehr wir.“ Trotzdem wurde der Song für wert befunden, in Europa, Japan und Amerika als Single veröffentlicht zu werden. Harper sang ihn nur noch einmal wieder als Gast beim Festival in Knebworth 1975.

Die Zeile *„which one's Pink?"* wurde von einem ignoranten Angestellten einer amerikanischen Plattenfirma einmal geäußert und wurde nach der Trennung zur Waffe, als Waters sie auf eines seiner Tour-Shirts drucken ließ.

Wish You Were Here

(Waters/Gilmour)

Der Text zu diesem melancholischen, von Gilmour gesungenen Lied wurde, für Pink Floyd unüblich, vor der Musik geschrieben. Das Stück konnte erst 16 Monate nach Veröffentlichung des Albums vom Konzertpublikum gehört werden.

Der Übergang vom vorigen Song, der sich anhört wie ein billiges Transistorradio, hat einige unvorbereitete HiFi-Freaks bestimmt an den Rand eines Schlaganfalls geführt. Live wurden dazu Dutzende von Reglern am Mischpult gleichzeitig bewegt (vor der Automation von Mixern).

Der berühmte Klassik- und Jazz-Geiger Stephane Grapelli spielt überraschend mit und bekam 300 Pfund für ein paar Takte, die man in den Windgeräuschen am Ende kaum hören kann. Er wurde gewählt, weil er gerade zur Hand war und in einem benachbarten Studio bei Abbey Road gerade Aufnahmen machte. Der Orchester-Ausschnitt stammt von einer Aufnahme der 4. Sinfonie von Tschaikowski.

Trotz des späten Debüts hatte der Song bald einen Stammplatz im Live-Repertoire und wurde nach der Trennung sowohl von Waters als auch von Pink Floyd gespielt.

Shine On You Crazy Diamond (Part 2)

(Waters/Wright/Gilmour)

Eine Weiterführung von Teil 1, der das Album eröffnet hatte. Das Stück wurde ursprünglich im Ganzen gespielt, aber 1975, als *Have A Cigar* sein Debüt hatte, geteilt. Auf den Vinyl-Ausgaben ist es folgendermaßen unterteilt: Part 6 (Wright / Waters / Gilmour); Part 7 (Waters / Gilmour / Wright; 4'55"); Part 8 (Gilmour / Waters / Wright; 6'24"); Part 9 (Wright – seine letzte Solo-Komposition für die Band und seine letzte Komposition überhaupt bis 1992; 9'03"). Der Text von Part 7 wurde bei den späteren Auftritten der Tour von 1994 dazugenommen.

Animals

(EMI 8 29748 2; ursprünglich Harvest SHVL 815; zuerst auf CD als Harvest CDP 7 46128 2; veröffentlicht am 23. Januar 1977) Charts UK: Platz 2; Charts USA: Platz 2

Dieses Album, welches das Battersea E-Werk in London zu einer Touristenattraktion machte, nahm Gestalt an, als Pink Floyd sich den beiden Songs zuwandte, die bei den Aufnahmen zu *Wish You Were Here* erst mal zur Seite gelegt worden waren. Sie trafen sich in ihrem neuen North London Studio in der Britannia Row, überarbeiteten die Songs und fügten noch Material hinzu, das Roger Waters über Schweine geschrieben hatte. Das brachte ihn auf die Idee zu einem weiteren großartigen Konzept, dem von Orwell beeinflussten anthropomorphischen Thema des Albums, bei dem Menschen mit Tieren verglichen wurden. Man musste nur die Songs umbenennen, die Texte passend machen und eine adäquate Einleitung sowie einen Schluss hinzufügen, nicht zu vergessen die „ländlichen" Klänge, die dem Ganzen Atmosphäre verliehen. Wegen des Erfolgs des Bootlegs *British Winter Tour '74* sollte dies das letzte Mal sein, dass Pink Floyd Material aufnahmen, das schon bei einer Tournee getestet worden war.

Für viele ist das Cover das Berühmteste am Album. Waters hatte die Idee, ein fliegendes Schwein (oder zumindest ein aufblasbares fliegendes Schwein) über dem oben genannten E-Werk zu fotografieren. Waters hat das fliegende Schwein unerklärlicherweise als „Symbol der Hoffnung" beschrieben. Man brauchte zwei Tage, um die Fotos zu machen; am zweiten riss sich das Schwein von seinen Halteseilen los und schwebte fort, schuf so in den Medien viel nützliche Publicity. Es gibt natürlich keinen Anlass zu glauben, dass dies etwas anderes als ein „Zwischenfall" war.

Das resultierende Foto wurde übrigens für nicht passend für das Cover befunden (im Booklet der Neuauflage sind mehrere Aufnahmen zu sehen). Also kehrte Hipgnosis zu der anfänglichen Idee zurück, ein Foto des Schweins in ein Bild des E-Werks zu montieren. Waters gab sich, zum Ärger von Hipgnosis, selber die Credits für das Coverdesign. Das führte zu einem Streit mit Thorgerson, der darin endete, dass Hipgnosis die Cover für *The Wall* und *The Final Cut* nicht machte. Auf der Innenhülle und im Booklet der CD stehen die Texte in der Handschrift von Nick Mason.

Die Länge der drei wichtigsten Songs verhinderte, dass sie bei Konzerten von Pink Floyd nach der Ära von Roger Waters live gespielt wurden. Aber die Tour mit dem Titel *Pink Floyd – In The Flesh*, mit der sie für das Album warben, war die größte, die sie jemals mit Waters machten. Unterstützt wurden sie dabei von einem aufblasbaren fliegenden Schwein und von dem Rhythmusgitarristen Snowy White, der auch mal ein Solo spielen durfte. Am letzten Tag der Tournee war Gilmour von der Leistung der Band so enttäuscht, dass er die Zugabe, einen 12 Minuten langen Blues mit Snowy White, vom Mischpult aus beobachtete. Waters hasste das Konzert auch, aber es brachte ihn auf eine Idee, wie wir noch sehen werden ...

Pigs On The Wing 1

(WATERS)

Mit das Persönlichste, das jemals von Pink Floyd oder einem Bandmitglied aufgenommen wurde. Ein einfaches Liebeslied für Carolyne, die (damalige) Frau von Waters, und daher auch von ihm gesungen. Sowohl dieser Song als auch sein Gegenstück am Ende des Albums stehen in starkem Kontrast zum übrigen, härteren Material auf der Platte. Die dritte Zeile war übrigens im Original ein Teil von *Raving And Drooling*.

Die akustische Anlage des Songs machte ihn ungeeignet als Opener für die Konzerte der Tour, also wurden die Songs nicht in der ursprünglichen Reihenfolge gespielt. Der Song wurde auch bei der Tour von Waters '84 / '85 gebracht und dazu wurde ein Film von dem Schwein über dem E-Werk in Battersea projiziert. Nach Waters' Trennung von seiner Frau Carolyne wurde der Song jahrelang nicht aufgeführt. Zur *In The Flesh* Tour war er jedoch wieder ein fester Bestandteil der Setlist.

Dogs

(Waters/Gilmour)

Eine überarbeitete Version von *Gotta Be Crazy*, einem Stück, das sich in den zwei Jahren, in denen es bei Konzerten gespielt wurde, immer weiter entwickelte, bevor es jetzt für das Album umgeschrieben wurde. Waters' beißende Attacke bezieht sich erneut auf den metaphorischen Stein, der einen herunterzieht. Seine Liebe zu „Listen" taucht im letzten Vers wieder einmal deutlich auf.

Gilmour singt die ersten vier Verse und Waters die übrigen drei. Auf diesem Track (mit den entsprechenden Credits) glänzt die Gitarre von Gilmour, die sich in ungeahnte Höhen schwingt. Fans seiner Spielweise bezeichnen diesen Titel oft als die ultimative Nummer von Pink Floyd. Die Aufnahmen verliefen aber nicht so einfach, wie man denken sollte. Die Probleme, die auftauchen, wenn man selbst ein Album in einem neuen Studio produziert, wurden deutlich, als ein ganzer Gitarrenpart, auf den Gilmour zu Recht sehr stolz war, aus Versehen von Waters gelöscht wurde und neu aufgenommen werden musste.

Pigs (Three Different Ones)

(Waters)

Waters meint mit Schweine diejenigen Menschen, die zu wissen glauben, was für andere das Beste ist. Dazu gehört auch Mary Whitehouse, die Kämpferin für Zensur im Fernsehen und bigotte Eiferin, auf die sich die dritte Strophe bezieht.

Der Gesang stammt nur von Waters und wurde elektronisch nachbearbeitet, aber nicht immer so stark wie bei dem Teil mit dem Vocoder nach der zweiten Strophe. Unbeeindruckt von dem Unglück, das seiner Arbeit bei *Dogs* zugestoßen ist, liefert Gilmour wieder ein orgiastisches Solo ab.

Als Nummer, die speziell für das Album geschrieben wurde, wurde das Stück von Pink Floyd nur bei der Tour 1977 gespielt, obwohl Waters in einem Medley bei seiner Solo-Tour 1987 eine zerstückelte Version spielte.

Sheep
(Waters)

1974 war *Sheep* unter dem Titel *Raving And Drooling* bekannt, wurde manchmal mit dem ewig langen Titel *Raving And Drooling I Fell On His Neck With A Scream* angekündigt, was eigentlich die erste Textzeile war, deren Überbleibsel jetzt in der vorletzten Strophe auftauchen. Wenn wir von Hunden und Schweinen angeführt werden, so Waters, dann sind die meisten von uns Schafe, die blind auf ihr frühes Grab zulaufen, ohne die Systeme, die uns beherrschen, in Frage zu stellen. Solcher Neo-Marxismus entspringt ohne Zweifel seiner sozialistischen Erziehung.

Während *Dogs* das gitarristische Meisterstück von Gilmour war, wird *Sheep* von der Basslinie zusammengehalten, obwohl Gilmour behauptet, dass er da auch mitgemischt habe. Der geschickt umgeschriebene 23. Psalm wurde im Original von Nick Mason gebracht, aber auf dem Album wurde er von einem ungenannten Mitglied der Crew von Pink Floyd rezitiert.

Sheep wäre beinahe im Programm von Pink Floyds Comeback-Tournee von 1987 gelandet, aber Gilmour hatte das Gefühl, dass er den Gesangspart von Waters nicht giftig genug bringen konnte. Die Nummer ist aber auf dem Sampler *Great Dance Songs* zu finden.

Pigs On The Wing 2
(Waters)

Waters benutzte diese kurze Nummer (die zweite Strophe des Eröffnungstitels) dazu, zu zeigen, dass dieses eigentlich schicksalsträchtige Album mit einer positiven Einstellung enden konnte.

Als das Album in den USA als 8-Spur-Kassette auf den Markt kam, die eine Endlosschleife war, brauchte man einen Übergang, damit Teil 2 und Teil 1 ineinander übergehen konnten. David Gilmour lehnte den Job ab und bot ihn Snowy White an. Dieser zusammenhängende Full Length Remix von *Pigs On The Wing* mit einem vom späteren Thin Lizzy-Mitglied gespielten 48-sekündigen Gitarren-Solo erschien auch 1995 auf der mittlerweile vergriffenen Snowy White-Compilation *Goldtop – Groups & Sessions.*

The Wall

(EMI / Harvest 8 31243 2; ursprünglich Harvest SHDW 411; zuerst auf CD als Harvest CDS 7 46036 8; veröffentlicht am 30. November 1979; DVD: SMV 501989; veröffentlicht am 25. Februar 2000)
Charts UK: Platz 3; Charts USA: Platz 1;
Kino-Version: Channel 5 Video CFV 08762

Beim letzten Konzert der Promotion-Tour für *Animals* regte sich Roger Waters so sehr über das schlechte Benehmen eines Fans in der ersten Reihe auf, dass er ihn nach vorne rief und ihm ins Gesicht spuckte. Über seine eigene Aggression entsetzt begann Waters, ein Konzept-Album über sein Gefühl der Isolation von seinem Publikum und die potentiellen Barrieren zwischen uns allen zusammenzustellen. Das Ergebnis ist *The Wall*. Waters begann im September 1977, gerade einmal zwei Monate nach dem Ende der Tournee, mit der Arbeit an diesem Projekt. Von Beginn an plante er nicht nur ein Album, sondern ein theatralisches Konzert und einen Film. Im folgenden Juli bot er seinen Kollegen in der Band zwei recht unfertige Demo-Aufnahmen an – die eine war *The Wall*, die andere, welche die Band für zu persönlich hielt, wurde schließlich Waters' erstes echtes Solo-Album *The Pros And Cons Of Hitch Hiking*.

Die Aufnahmen begannen im April 1979 und fanden hauptsächlich in den Superbear Studios in Frankreich (wo Gilmour und Wright im Jahr zuvor ihre Solo-Alben aufgenommen hatten), bei CBS in New York und bei „The Producers Workshop" in L.A. statt. Einiges wurde auch im Studio von Pink Floyd (später das Studio von Nick Mason) in London in der Britannia Row gemacht. Das wurde aber aus steuerlichen Gründen nicht erwähnt, da die Band wegen des Zusammenbruchs der Anlegerfirma Norton-Warburg, bei der Pink Floyd beträchtliche Summen investiert hatte, ziemlich in Geldschwierigkeiten steckte.

Die Credits für die Produktion gingen an Bob Ezrin, David Gilmour und Roger Waters, und James Guthrie wurde als Co-Produzent genannt. Weder auf der Hülle noch auf dem Label der ersten Kopien erschienen die Namen von Wright oder Mason, ein Fehler, der für die folgenden Pressungen schnell verbessert wurde. Auf dem Album spielten viele nicht erwähnte Studio-Musiker mit. Ezrin und Gilmour sprangen für Rick Wright ein, dessen Beiträge für den Einstieg nur minimal waren und immer weniger wurden. Gegen Ende der Aufnahmen stellte Waters den anderen ein Ultimatum: Entweder würde Wright die Band verlassen, oder er würde das Projekt abbrechen; das bedeutete, dass keiner die Verluste, die durch Norton-Warburg entstanden waren, wieder einfahren könnte. Wright gab widerstrebend nach und durfte nur bei den Konzerten gegen ein Angestelltengehalt mitwirken. Er war als einziges Bandmitglied am 14. Juli 1982 nicht bei der Weltpremiere des Films anwesend.

Ein weiterer Bruch mit der Tradition: Statt Hipgnosis wurde der politische Karikaturist Gerald Scarfe genommen, der auch die gezeichneten Rückprojektionen für die *Wish You Were Here*-Tour angefertigt hatte. Er sollte nicht nur das Cover, sondern auch Marionetten für die Bühnenshow und Zeichentrickfilme für Werbevideo, Konzert und Film entwerfen. Auf dem Cover gab es keine Schrift, nur einen durchsichtigen und abziehbaren Aufkleber. Im Gegensatz zu den Angaben auf dem Sticker der Neuveröffentlichung von 1994 waren im Booklet keine Fotos, geschweige denn „zusätzliche". Aber die Texte waren jetzt in größerer, besser lesbarer Schrift abgedruckt. Eine deutliche Abweichung der Wiederveröffentlichung der CD sind die sich von der Erstausgabe unterscheidenden Zeitangaben der Tracks. Das liegt wahrscheinlich daran, dass es keine klaren Breaks gibt, sondern die Stücke oft durch Zwischenspiele aus Musique concrète miteinander verbunden sind, die man zum einen oder anderen Song rechnen kann.

Die Konzerte sind die spektakulärsten, die eine Rockband je gegeben hat. Während sie spielten, wurde vor ihnen eine Wand aus Pappziegeln quer über die Bühne aufgebaut, so dass die Band in der zweiten Hälfte des Konzerts für das Publikum nicht mehr zu sehen war. Die Mauer diente auch als Leinwand, auf die Bilder und die Animationen von Scarfe projiziert wurden. Das bekannte Flugzeug, das in einem Feuerball auf der Bühne explodierte, tauchte wieder auf, ebenso das fliegende Schwein. Auf der Bühne erschienen auch über 12 Meter hohe Marionetten.

Wegen der Komplexität und der Kosten der Bühnenshow wurde *The Wall* nur in vier Städten aufgeführt: Februar 1980 in New York und Los Angeles, August 1980 in London und Februar 1981 in Dortmund. In London folgten weitere Konzerte im Juni 1981 zu Filmzwecken. Obwohl diese Filme nie öffentlich gezeigt wurden (zumindest nicht legal), war es die Absicht, Ausschnitte in den Kinofilm, den Alan Parker nach dem Drehbuch von Roger Waters machte, zu integrieren. Die Produktion des Films wurde sehr schwierig, da sich Waters, Scarfe und Parker über die Interpretation des Drehbuchs in die Haare gerieten. Parker, als Regisseur, hatte das letzte Wort, auch wenn alle drei das Ergebnis als Kompromiss ansahen.

1990 brachte Waters *The Wall* noch einmal mit einem Star-Aufgebot in Berlin auf die Bühne, um Geld für den „Memorial Fund for Disaster Relief" zu sammeln. Im Sommer 1994 kündigte er an, dass er *The Wall* zum Bühnen-Musical umschreiben wolle.

The Wall erforscht die Barrieren, die wir alle – und besonders der Held der Geschichte, ein Rockstar, der sowohl „Pink" als auch „Mr. Floyd" genannt wird – um uns herum aufbauen, um Kritik abzuwehren und um zu vermeiden, mit unseren eigenen Fehlern konfrontiert zu werden. Das Werk beschreibt den Zusammenbruch von „Pink", als er während einer Amerika-Tournee in einem Hotelzimmer sitzt, und auch seinen Auftritt am Abend. Es ist zum Teil autobiografisch, zum Teil über den Zusammenbruch von Barrett, und zum Teil reine Fiktion mit ein paar Ereignissen, die ohne Zweifel aus der Geschichte der Rockmusik stammen. Der traditionelle Satz am Ende des Nachspanns, dass „alle Ähnlichkeiten mit lebenden oder toten Personen zufällig seien", kann deshalb wohl nicht so ganz für wahr genommen werden.

Die Story wurde aus vielleicht verständlichen Gründen als überbewertet und zusammenhanglos beschrieben. Buchstäblich bis zur letzten Minute wurden Songs sowohl zur besseren Stimmigkeit umarrangiert als auch gekürzt, um das finanzielle Desaster eines 3er-Albums zu vermeiden. Es ist sicher einfacher, dem Film zu folgen, wenn man die Platte schon kennt, andererseits erscheinen einige Aspekte der Geschichte auf der Leinwand deutlicher. Man muss sich vor Augen halten, dass ein Großteil der Story mit Ausnahme der

Szenen im Hotelzimmer von Pink und beim folgenden Konzert, das Pink für eine faschistische Versammlung hält, im Rückblick erzählt oder zu sehen ist.

Da Waters die Bühnenshow zur gleichen Zeit entwarf wie den Film und das Album, wäre es nicht angebracht, eines dieser Werke isoliert zu betrachten.

When The Tigers Broke Free

(WATERS)

Dieses Stück, das für das Album geschrieben wurde und den Tod von Waters' Vater in Anzio, einem der Schlachtfelder der alliierten Kampagne in Italien im Januar 1944, beschreibt, kam dem Publikum erst zu Gehör, als der erste Vers als Eröffnungsnummer des Films zu hören war. Zweiter und dritter Vers wurden nach *Another Brick In The Wall, Part 1* eingesetzt. Es wurde auch (als Harvest HAR 5222 mit einem tollen Klappcover mit Fotos aus dem Film) als Werbung für *The Final Cut* veröffentlicht, als dieses Album noch als Sammlung mit unveröffentlichten Songs und Soundtrack-Material von *The Wall* geplant war. Auf CD ist der Song mittlerweile sowohl auf der *Echoes* Pink Floyd-Best Of aus dem Jahr 2001 als auch als Bonus-Track auf der am 22. März 2004 remastered wieder veröffentlichten Version von *The Final Cut* erhältlich, was seine ursprüngliche Zugehörigkeit zu diesem Album unterstreicht.

In The Flesh?

(WATERS)

Die Aufnahme beginnt mit den kaum hörbaren Worten „we came in", die eigentlich keinen Sinn ergeben, bis man gut 80 Minuten später am Ende die Worte „isn't this where" vernimmt. Die einleitenden Takte spiegeln auch den letzten Track wider. Das letzte, was man hört, ist der Stuka-Bomber, der Pinks Vater tötet – und demzufolge metaphorisch den Vater von Waters.

Diese Ouvertüre hat ihren Titel von der 77er Tour *Pink Floyd – In The Flesh*. Technisch gesehen hat die Band den Song nie live gespielt, da jedes Konzert mit der „nachgemachten" Band begann, während

Pink Floyd noch hinten standen. 1980 bestand diese Band, die auch während des Konzerts die Musiker von Pink Floyd unterstützte, aus Snowy White (Gitarre), Willie Wilson (Schlagzeuger der Band, mit der Gilmour in den 60ern in Frankreich und Spanien gespielt hatte, und der auch auf seinem ersten Solo-Album mitwirkte), Andy Bown (Bass) und Peter Woods (Keyboards). 1981 wurde Snowy White durch Andy Roberts ersetzt.

Bob Geldof sang die Version im Film.

The Thin Ice
(Waters)

Der erste Rückblick führt zu Pinks Geburt und Kindheit zurück. Der Gedanke „the thin ice of modern life“ (das dünne Eis des modernen Lebens) ist vielleicht unbewusst von *Skating Away On The Thin Ice Of A New Day* von Jethro Tull aus dem Jahr 1974 beeinflusst worden.

Another Brick In The Wall, Part 1
(Waters)

Der erste „Ziegel“ in der Wand von Pink ist der Verlust seines Vaters, ein Ereignis aus Waters' Jugend. Sein schmerzhafter Text wird von einem blubbernden Bassriff und einigen wenigen staccatoähnlichen Gitarreneinwürfen von Gilmour begleitet. Bei seinen Konzerten im Jahr 1987 brachte Waters diesen und die beiden folgenden Songs als einen zusammenhängenden dar. Ein kurzer Ausschnitt der Nummer ging 1994 bei den Konzerten von Pink Floyd der Interpretation von *Part 2* voraus.

The Happiest Days Of Our Lives
(Waters)

Glaubt noch jemand an die alte Geschichte, dass die Schulzeit die glücklichste Zeit unseres Lebens sein soll? Waters auf jeden Fall nicht, obwohl er den Track für seine Tourneen Mitte der 80er und Anfang des 21. Jahrhunderts wieder herauskramte.

Im Film wird Pink in der Schule beim Schreiben von Gedichten erwischt. Der Lehrer liest eines vor und macht sich dabei über Pink lustig. Es handelt sich da übrigens um den ersten Vers von *Money*.

Another Brick In The Wall, Part 2

(Waters)

Sonst vernünftige Kritiker haben Pink Floyd bei vielen Gelegenheiten ihre – falsche – Interpretation des Texts vorgeworfen. Sie sehen einen reichen, gut ausgebildeten Roger Waters, der sagt, dass die Ausbildung der Massen keinen Sinn hat. In Wahrheit warnt Waters davor, dass grausame und nachtragende Lehrer die Kinder von der liberalen Erziehung, die ihnen zusteht, fernhalten.

Die Single *Another Brick* ... (Harvest HAR 5194), die kurz vor dem Dialog „how can you have any pudding" ausgeblendet wird, wurde mit einem neuen, acht Sekunden langen instrumentalen Intro und einem gekürzten Gitarren-Solo rechtzeitig zum Weihnachtsgeschäft veröffentlicht. Sie hatte die Ehre, in England die letzte Nummer 1 der 70er und die erste Nummer 1 der 80er zu sein. Sie wurde in Südafrika verboten, nachdem Schulkinder in den Townships den Song als Protestlied benutzten. Ein Jahr später kam der Song wieder als Bestandteil eines fröhlichen Weihnachts-Medleys mit anderem Text von den Barron Knights in die Charts. Waters erhielt später einen British Academy Award (BAFTA) für *Another Brick* ... als besten Song aus einem Film. Der Erfolg der Single und des Albums führte dazu, dass Pink Floyd später in die Hall Of Fame der amerikanischen Association of Brick Distributors (Ziegelhändler) aufgenommen wurden.

Die Presse machte viel Wind darum, dass die Schulkinder, die im Refrain mitwirkten, keine Gage bekamen – die Schüler erhielten stattdessen kostenlose Musikstunden in der Britannia Row.

Mother

(Waters)

Waters, der diesen Song auch auf seinen *Radio K.A.O.S.*- und *In The Flesh*-Tourneen spielte, hat betont, dass es kein Angriff auf seine eigene Mutter (eine Lehrerin und Mitglied einer kommunistischen Partei) sei, sondern allgemein auf übervorsichtige Mütter und die in allen Müttern schlummernde Gefahr, ihren Nachwuchs nicht loszulassen.

Auf dem Track spielen viele unerwähnte Studio-Musiker mit, zu denen ein unbekannter Keyboarder, Jeff Porcaro am Schlagzeug und Lee Ritenour an der Gitarre gehören. Für den Film wurde eine viel einfachere Version aufgenommen, die sich im Text aber nur geringfügig unterschied.

Goodbye Blue Sky
(WATERS)

Die Eröffnungsnummer der zweiten Seite der Vinyl-Ausgabe. *Goodbye Blue Sky* vermischt akustische Gitarre mit bedrohlichem Keyboard und einem schönen Beispiel für Gilmours sanften Gesang, und bietet so nach dem bombastischen Beginn ein ruhiges Zwischenspiel und die Möglichkeit, auf Pinks seelische Narben am Ende des Krieges zu schauen. Im Film folgte die Nummer gleich nach dem zweiten Teil von *When The Tigers Broke Free* und untermalte eine hervorragende Zeichentrick-Sequenz.

Empty Spaces
(WATERS)

Dieses Instrumental wurde im Film durch *What Shall We Do Now?* ersetzt, das fast die gleiche Melodie hat. Hier finden wir wieder eine rückwärts gespielte Botschaft. Für die Leser, deren CD-Spieler das Abspielen nur in einer Richtung gestattet, hier die Botschaft: „Gratuliere, du hast gerade die geheime Botschaft entdeckt. Schreibe an Old Pink, c/o The Funny Farm, Chalfont". Die erste CD-Ausgabe bezeichnete irrtümlich diesen Song und *Young Lust* als eine Nummer.

What Shall We Do Now?
(WATERS)

Aufmerksame Leser werden bemerken, dass dieser Song (Text: Waters) sich nicht auf dem Album befindet. Er wurde in letzter

Minute entfernt, als das Album gemischt und geschnitten wurde, um eine 3fach-LP zu verhindern. Es war aber schon zu spät, noch den Text von der Hülle zu nehmen, die schon beim Drucker war (bei den CD-Ausgaben taucht der Text nicht mehr auf). Der Song wurde aber an dieser Stelle bei Konzerten gespielt und somit im Jahr 2000 auf dem The Wall-Live-Album *Is There Anybody Out There?* offiziell eigenständig veröffentlicht. Im Film untermalt er weitere Animationen von Scarfe. In der eigentlichen Story ist er erst später von Bedeutung.

Young Lust
(WATERS/GILMOUR)

Waters bat Gilmour, seinen Gesangspart vom *Nile Song* für dieses „Bild irgendeiner Rock'n'Roll-Band auf Tour" zu wiederholen, eine Situation, in der Pink Groupies entdeckt. Film-Freaks können einen frühen Auftritt von Joanne Whalley entdecken, die als einziges Groupie ihre Weste anbehält.

Der Anruf, bei dem der Liebhaber von Pinks Frau den Anruf entgegennimmt und dann wieder auflegt, ist gestellt, aber die Frau in der Vermittlung ist echt und hatte keinen Schimmer von der Situation – alle ihre Kommentare entstanden unter dem Eindruck, dass der Anruf echt sei.

One Of My Turns
(WATERS)

Angeekelt durch seine Behandlung des Groupies und gleichzeitig traurig über die Untreue seiner Frau und den Zerfall ihrer Ehe dreht Pink durch und verwüstet sein Hotelzimmer. Im Film sind in Pinks Fernseher an dieser Stelle „The Dambusters" zu sehen. Einer der Mitwirkenden von „Dambusters" war Leonard Cheshire, der Gründer jener Wohltätigkeitsorganisation, für die Waters 1990 in Berlin *The Wall* aufführte.

Die nicht genannte Rhythmusgitarre stammt von Lee Ritenour, da Gilmour, wie er selber es ausdrückte, nichts Vernünftiges einfiel. Die Stimme des Groupies kam ursprünglich von Roger. Aber zum

Glück fand Bob Ezrin eine Frau, die gewillt war, den Part neu aufzunehmen. Überraschend wurde der Song die B-Seite der Single *Another Brick ...*

Die Original-CD gab die Nummer als zwei Stücke an und setzte den Trennungspunkt an der Stelle, wo sich die Stimmung ändert. Durch einen Tippfehler heißt die Nummer auf einigen Kopien *One Of My Tunes.*

Don't Leave Me Now
(Waters)

Wie so viele gierige und egoistische Menschen kann Pink nicht verstehen, warum seine Frau ihn verlässt, obwohl er aufzählt, wie oft er sie schlecht behandelt hat.

Im Film wird Realfilm mit der Art von Animationen vermischt, die Sigmund Freud ein Genuss gewesen wären.

Another Brick In The Wall, Part 3
(Waters)

Pink erklärt, dass er nichts von dem braucht, was ihm die Menschen anbieten können.

Zu Live-Darbietungen, besonders während des zweiten Teils der *The Wall*-Konzerte, gehörte ein längerer instrumentaler Schluss. Im Film hören wir eine schnellere Version.

Goodbye Cruel World
(Waters)

Die Wand um Pink herum ist vollständig. Er hat sich komplett von seinen Freunden und Lieben isoliert. Dies ist das Ende der ersten Hälfte von Album und Konzert. Hier wurde der letzte Stein in die Mauer eingesetzt, die das Publikum von der Band trennte.

Die Oktavsprünge auf dem Bass sind eine Lieblingsphrasierung von Waters und gehen bis zu *Careful With That Axe, Eugene* zurück.

Hey You
(Waters)

Die Tatsache, dass dieser Text auf der Originalhülle an der falschen Stelle abgedruckt wurde, ist ein weiteres Anzeichen für die Umstellung in letzter Minute, als Bob Ezrin sich bemühte, das Album auf vier Seiten Vinyl zu beschränken und der Story trotzdem einen Sinn zu geben. Der Song, bei dem David Gilmour einen Fretless Bass spielt, wurde aus dem Film, in dem er die Begleitung zu Aufruhrszenen war, komplett herausgeschnitten. Standbilder dieser Szenen kann man in dem lange vergriffenen Fotoband „Pink Floyd – The Wall" sehen, der zum Film erschien (Avon, 1982).

Bei Live-Aufführungen von *The Wall* wurde *Hey You* ohne Warnung am Ende der Pause gespielt, während die Lichter alle an waren und die Band hinter der Wand verborgen stand.

Waters spielte *Hey You* bei seinen Konzerten 1984/85, und es wurde bei der Tour von Pink Floyd 1994 als Zugabe eingesetzt.

Is There Anybody Out There?
(Waters)

Pink erkennt zu spät seine missliche Lage.

David Gilmour gab offen seine Niederlage zu und engagierte einen Studio-Musiker, um die spanische Gitarre zu spielen, die er vielleicht, wie er sagte, mit einem Plektrum aus Leder, aber nicht, wie es hätte sein sollen, mit den Fingern hätte spielen können. Er meint auch, dass Ezrin als Co-Autor hätte erwähnt werden sollen. Die „Möwen"-Schreie könnten direkt von *Echoes* stammen, und der Dialog wurde der Folge „Fandango" der TV-Serie „Rauchende Colts" entnommen. Bemerkenswert ist der subtile Einsatz der Streicher, der kommende Dinge ankündigt.

Roger Waters überarbeitete den Song später (viel mehr markerschütternde Schreie kamen hinzu) für einen Kino-Werbespot für die Samariter, der mit dem beruhigenden Wort „Yes" endete.

Nobody Home
(Waters)

Pink denkt – immer noch in seinem Hotelzimmer – über seine Lage nach. Die Zeile *„elastic bands keeping my shoes on"* bezieht sich direkt auf das Verhalten von Syd Barrett während seiner letzten Wochen mit Pink Floyd. Und *„grand piano to prop up my mortal remains"* ist wahrscheinlich ein Seitenhieb auf Rick Wright.

Bei Live-Aufführungen (auch bei seinen Touren mit *Pros And Cons* und *Radio K.A.O.S.*) erschien Roger Waters in einem Loch in der Wand in einem „Hotelzimmer" mit Tisch, Stuhl, einfacher Lampe und Fernseher. An diesem zappte er durch die Kanäle, was deutlich über die PA zu hören war.

Vera
(Waters)

Bei einem Rückblick zum Ende des Krieges fühlt sich Pink betrogen, da sein Vater nicht zurückkehrt, obwohl sogar Very Lynn, der Liebling der Soldaten, versprochen hat „We'll meet again, some sunny day". Lynns Song *The Little Boy That Santa Claus Forgot* ist zu Beginn des Films zu hören.

Bring The Boys Back Home
(Waters)

Joe Porcaro (der Vater von Jeff) spielt Snaredrum.

Eine Version davon, für den Film mit dem Pontarddulais Männerchor vollständig neu aufgenommen, wurde als B-Seite von *When The Tigers Broke Free* benutzt.

Comfortably Numb
(Waters / Gilmour)

Pinks Manager (im Film hervorragend von Bob Hoskins gespielt, der mit den zwei Worten seines Texts Bände spricht) kommt, um Pink zum Konzert zu begleiten, aber Pink ist überhaupt nicht in der

Verfassung dazu. Nur um die finanzielle Situation besorgt holt der Manager einen Arzt, der Pink etwas spritzt, damit er „funktioniert". Das hat Bezug zu einer realen Situation, als Waters überredet wurde, einen Gig zu spielen, obwohl er unter den Nebenwirkungen starker Medikamente litt, die er gegen seine Krankheit, die sich als Hepatitis herausstellte, bekommen hatte.

Der Text von Waters wurde einer Melodie beigefügt, die David Gilmour am Ende der Aufnahmen zu seinem gleichnamigen Solo-Album von 1978 geschrieben hatte. Gilmour brachte einen kurzen Ausschnitt des originalen Demos im Juli 1992 in der Sendung von Nicky Horne zu Gehör. Die veröffentlichte Version ist eine Mischung aus zwei Takes der Band: einer straffen Version, die Gilmour bevorzugte und der lockereren Fassung, die von Waters und Ezrin mehr geschätzt wurde.

Als Medium für sein spektakulärstes Gitarren-Solo ist „Come On Big Bum" (wie er es bezeichnet) zu einem Lieblingsstück bei Konzerten geworden, das er auch bei seinen Solo-Auftritten 1984 spielte (eines von nur drei Liedern von Pink Floyd, die er verwendete), bei denen Mick Ralphs den Part von Waters übernahm und einmal Mason am Schlagzeug gastierte. Ralphs spielte auch mit Gilmour bei einer Version, um Geld für die Katastrophenhilfe zu sammeln. Erhältlich ist sie auf dem Video „Columbian Volcano Concert" (Hendring HEN 2 086), unter anderen mit Sam Brown als Backgroundsängerin und Michael Kamen am Keyboard. Pink Floyd brachten die Nummer bei den Touren 1987-89 und 1994, und Roger Waters erhielt 1987 so viele Anfragen von Fans, dass er versprach, den Song auf seiner nächsten Tour zu spielen. Er hielt sein Wort und spielte die Nummer im September 1991 beim Guitar Legends Festival in Sevilla.

The Show Must Go On

(Waters)

Waters wollte, dass diese Nummer wie ein Song der Beach Boys klinge und, typisch für Pink Floyd (immer nur das Beste), buchte die Beach Boys für die Gesangsaufnahmen. Das ging aber schief, weil diese entschieden, dass das Thema des Albums nicht zu ihrem sorgfältig gepflegten gesunden (aber falschen) Image passte und lieber auf ihre eigene Tournee gingen. Der gewünschte Effekt wurde erreicht, indem man Bruce Johnston (der Brian Wilson 1965 bei den Beach Boys ersetzt hatte), Joe Chemay (der im Studio als Sänger für die Beach Boys gearbeitet hatte), Stan Farber, Jim Haas und John Joyce engagierte. Außer Johnston wirkten alle auch bei den Konzerten von *The Wall* und bei der Berliner Aufführung von Waters mit. Chemay, Haas und Joyce waren 1987 auch Gäste bei einem Konzert von Waters.

Ursprünglich mit einer Laufzeit von 35 Sekunden angegeben, wird auf der CD von 1994 für den Track nur von 30 Sekunden geschrieben (die Box *Shine On* gibt 31 Sekunden an). Damit ist es das kürzeste Stück, das die Band jemals aufgenommen hat.

Bei Live-Versionen kam zusätzlicher Text hinzu, der auf dem Album (obwohl er auf der Originalhülle stand) wegen der Zeitbeschränkung fehlt. Im Film tauchte die Nummer nicht auf.

In The Flesh

(Waters)

Pink kommt beim Konzert an, glaubt aber, er sei ein faschistischer Führer, der vor einer Versammlung sprechen soll. Das ist in der Erzählung der gleiche Zeitpunkt wie zu Beginn des Albums, und der Song kehrt zur Eröffnungsnummer des Albums zurück (man beachte das Fehlen des Fragezeichens). Die Hammond-Orgel wurde von Freddie Mandell gespielt, Bob Geldof sang wieder in der Filmfassung.

Obwohl er reine Fiktion ist, wurde der Text dieses und der folgenden beiden Songs oft von den traurigen Typen benutzt, die sich im wahren Leben so verhalten. Das ging so weit, dass 1987 bei rassistischem Graffiti in Liverpool neben dem Text das Symbol der gekreuzten Hämmer aus dem Film auftauchte. Sogar viele der (echten) Skinheads, die im Film mitwirkten, akzeptierten es nicht, dass Bob Geldof spielte.

Trotzdem brachte Roger Waters den Track mit großem Erfolg auf seinen Solo-Tourneen.

Run Like Hell
(WATERS/GILMOUR)

Auf den ersten Blick wirken der sparsame Bass und die Gitarre im Intro mit dem sturen disko-ähnlichen $^2/_4$-Militärbeat mehr als simpel. Aber alles passt, wie Waters es richtig erkannt hatte, perfekt zu dem bedrohlichen Text.

Bei den Konzerten von *The Wall*, bei denen es den musikalischen Hintergrund für das Wiedererscheinen des aufblasbaren Schweins abgab, kündigte Waters den Song gerne als „Run Like Fuck" an und widmete ihn „allen Paranoikern im Publikum" oder, wie auf *Is There Anybody Out There?* zu hören ist, allen „schwachen Leuten".

Dies ist ein besonderes Lieblingsstück von David Gilmour, der die Musik wiederum 1978 bei den Aufnahmen zu seinem Solo-Album geschrieben hatte. Er spielte es auf seiner Solo-Tour 1984, und es ist auch auf dem Video „Columbia Volcano Concert". Pink Floyd spielten es auf der Tournee 1987-89 und in Knebworth 1990. Eine Aufnahme aus Atlanta vom November '87 wurde als B-Seite für *On The Turning Away* genommen. Roger Waters antwortete, indem er einen „Potsdamer"-Mix als B-Seite zu seiner Live-Aufnahme aus Berlin von *Another Brick In The Wall* veröffentlichte. Das war aber eine wirklich fürchterliche Dance-Version mit nachträglich eingefügtem Applaus.

Instrumentale Auszüge wurden im Soundtrack *La Carrera Panamericana* benutzt, und der Song wurde 1994 auf der Tour von Pink Floyd wieder gespielt, wobei Guy Pratt den Gesangspart von Waters übernahm. Er ersetzte die Worte *„... send you back to mother in a cardboard box"* durch *„... send you back to New York"*, oder wo die Band eben gerade spielte.

Waiting For The Worms
(WATERS)

Wenn die Faschisten auf die Straße strömen, benutzt Pink (Waters im Studio) ein Megafon, um den Marsch der Rechtsradikalen durch einen gemischtrassigen Bezirk in London bis zum Hyde Park zu beschreiben. Man beachte das seltsame Gelächter im rechten Kanal bei 2'24".

Bei Waters' Demoversion für das Album spielten „the worms" (die Würmer) – ein Symbol für den moralischen und geistigen Verfall – eine viel größere Rolle.

Stop

(WATERS)

Pink stellt endlich seinen Zustand in Frage.

Im Film wird der einzige Vers von Pink aus seinem Gedichtband vorgelesen. Er rezitiert noch andere „Gedichte", von denen einige in *Your Possible Pasts* auf *The Final Cut* und in *5.11 AM (The Moment Of Clarity)* auf Waters' Solo *The Pros And Cons Of Hitch Hiking* auftauchen.

The Trial

(WATERS / EZRIN)

Um sich selbst retten zu können, klagt Pink sich selbst an. Er ist sein eigener Ankläger, Richter und Geschworener. Die einzig mögliche Strafe und Rettung ist, die Mauer einzureißen, seiner Lage ins Auge zu sehen und den Kontakt mit der Gesellschaft wieder aufzunehmen. Der Schrei, der die Auflösung der Mauer im Film begleitet, macht deutlich, dass es für Pink keine einfache Sache ist.

Der Song, in Zusammenarbeit mit Ezrin geschrieben, wird von Waters im Stil einer Komödie von Gilbert und Sullivan gebracht. Nach dem Kommentar des Richters, dass er von dem „dringenden Verlangen, sich zu entleeren" erfüllt sei, ruft eine Stimme: „Go on judge, sit on it!"

Outside The Wall

(WATERS)

Das Ende des Albums wird am besten in Roger Waters' eigenen Worten beschrieben: „Der letzte Song sagt: ‚OK, nun, das war es, jetzt habt ihr es gesehen. Das ist wirklich das Beste, was wir machen können. Und das waren eigentlich nicht wir. Das sind wir. Wir haben ein Theaterstück über diese Sachen aufgeführt und wir mögen euch wirklich sehr gerne."

Für den Film wurde der Song – wieder mit dem Pontarddulais Männerchor – neu aufgenommen. Bei Live-Auftritten gehörten jeden Abend andere musikalische Neuheiten dazu. Mal spielte Mason akustische Gitarre, mal Gilmour Mandoline.

A Collection Of Great Dance Songs

(EMI CDP 7 90732 2; ursprünglich Harvest SHVL 822; veröffentlicht am 23. November 1981)

Charts UK: Platz 37; Charts USA: Platz 31

Von David Gilmour eilig als vertraglicher Lückenfüller zusammengestellt und mit Blick auf das Weihnachtsgeschäft veröffentlicht, zieht dieser Sampler immer noch viele Fans an, da man auf ihm einige alternative Versionen bekannter Titel finden kann.

Das Cover stammt wieder von Thorgerson und nimmt wie der Titel Bezug auf Nick Masons Witz, dass Pink Floyds amerikanische Plattengesellschaft sie wahrscheinlich für eine Tanzband hielt. Gilmour sagte in ähnlicher Laune über das Cover: „Das war so schlecht, dass ich dachte, ich könnte es billiger bekommen!"

One Of These Days

(Gilmour/Mason/Wright/Waters)

Die Standard-Version des Albums.

Money

(Waters)

Da die Originalversion wegen des Wechsels der amerikanischen Plattengesellschaft nach *Dark Side* ... nicht verfügbar war, musste David Gilmour den Track neu aufnehmen. Er war der Produzent und spielte mit Ausnahme des Saxofons, das wieder von Dick Parry stammte, alle Instrumente selbst. James Guthrie war Co-Produzent und Mischer. Sogar die Originalgeräusche der klingelnden Kassen und der Münzen wurden verwendet. Ein Cut der neuen Version sollte als Single gleichzeitig mit dem Album auf den Markt kommen. Die Katalognummer (Harvest HAR 5217) war schon vergeben und die B-Seite *Let There Be More Light* geplant. Die Idee wurde in letzter Minute wieder aufgegeben, aber einige Promo-Kopien hatten schon ihren Weg in die Hände der Sammler gefunden.

Sheep
(Waters)

Die Version von *Animals*, vermutlich ausgewählt, weil es der kürzeste der drei Schlüsselsongs auf dem Album ist, doch Gilmour sagte, dass er mit der Entwicklung „ziemlich viel" zu tun gehabt habe und „ziemlich stolz" darauf sei.

Shine On You Crazy Diamond
(Gilmour/Waters/Wright)

Das ist eine zusammengesetzte Version, die aus den Teilen 1, 2, 3, 5 und 7 des Originals besteht, wobei die letzten beiden Minuten, das Saxofon-Break, aus Teil 5 herausgeschnitten wurden. Indem man die beiden Teile von *Wish You Were Here* so zusammenfügte, kam der Song an die Fassung heran, die 1974 erstmals aufgeführt wurde.

Wish You Were Here
(Gilmour/Waters)

Die Originalfassung vom Album mit leicht bearbeitetem Intro und Ende.

Another Brick In The Wall Part 2
(Waters)

Verwendet das Intro der Single und den Schluss vom Album.

The Final Cut

(EMI / Harvest 8 31242 2; ursprünglich Harvest SHPF 1983; zuerst auf CD als Harvest CDP 7 446129 2; veröffentlicht am 21. März 1983)
Charts UK: Platz 1; Charts USA: Platz 6

Die ursprüngliche Absicht der Band (oder zumindest von Roger Waters) war es gewesen, *The Final Cut* als Soundtrack zum Film „The Wall" (ein recht einfallsloser Arbeitstitel war „Spare Bricks") herauszubringen, auf dem neu aufgenommene Songs aus dem Film, die nicht auf dem Album erschienen waren, und neues Material untergebracht waren. So wurde es auch anfangs der Presse angekündigt. Im Nachspann zum Film wird auch behauptet, dass ein Soundtrack-Album erhältlich sei. Aber das Label von *When The Tigers Broke Free* besagt, dass der Song „von The Final Cut" sei.

Zum Zeitpunkt der Veröffentlichung war ein volles Konzept-Album daraus geworden, das aus Waters' Streitereien mit dem Regisseur Alan Parker, dem Falkland-Krieg und der Verzweiflung des Komponisten über den Zustand Englands unter Thatcher seine Energie schöpfte. Es war, vom Namen abgesehen, ein reines Solo-Album von Roger Waters. David Gilmour hat das offen zugegeben. Seine Rechte bestanden nur in der Erwähnung als Produzent (aber ohne dass er dafür Tantiemen erhielt). Er ging so weit, dass er sagte, auf der Scheibe seien nur drei gute Songs. Besonders unglücklich war er darüber, dass Songs verwendet wurden, die aus Qualitätsgründen für *The Wall* abgelehnt worden waren.

Andy Bown, der bei den *The Wall*-Konzerten mitgewirkt hatte, ersetzte Rick Wright an den Keyboards. Michael Kamen, der für sein Arrangement des National Philharmonic Orchestra einen Credit bekam, spielte Klavier und Harmonium. Die weiteren Produzenten waren Waters und James Guthrie. Der allgegenwärtige Percussionist Ray Cooper wirkte ebenfalls mit. Zu den acht Studios in England, die benutzt wurden, gehörten Hook End, Gilmours Home Studio und „The Billard Room" in Waters' Heim in London.

Im Lauf der Zeit wurden die Aufnahmen immer strapaziöser, da Waters nicht gewillt war, Kompromisse einzugehen, wie er es seiner Meinung nach bei den Filmaufnahmen zu „The Wall" gemacht hatte. Gilmour und Mason wurden für ihn anscheinend immer mehr zu reinen Studio-Musikern.

Obwohl das Album die Spitze der britischen Charts erreichte (was weder *Dark Side* … noch *The Wall* geschafft hatten), verkaufte es sich nicht so gut wie seine Vorgänger. Vielleicht lag das daran, dass die angekündigten Konzerte zum Album nie stattfanden. Es überrascht nicht, dass sie nie ein Stück davon in Konzerten gespielt haben, aber dass sie es gegen Waters' energischen Protest in der Box *Shine On* nicht berücksichtigt haben, ist nicht ganz verständlich. Die Neuauflage von 1994 bietet wieder, wie bei *The Wall*, die unterschiedlichen Zeitangaben, und das einzige neue Foto ist auf dem Label der CD zu finden.

Zu den Spezialeffekten des Albums gehörte Holofonie, eine Aufnahmetechnik, die dreidimensionale Bewegungen exakt einfängt. Um das am besten zu hören, sollte der Hörer Kopfhörer aufsetzen und die Augen schließen. Es klappt wirklich!

Das Cover, entworfen von Waters und fotografiert von Willie Christie, dem Bruder seiner Ehefrau Carolyne, zeigt die Nahaufnahme der Jacke eines Kriegsveteranen mit Ordensbändern und einem Stück von einer Mohnblume. Der Untertitel des Albums *A Requiem For The Post War Dream By Roger Waters, Performed By Pink Floyd* macht seine fast vollständige Kontrolle über das Projekt deutlich. Aber die Ironie, dass solch ein Anti-Kriegs-Album von einem Label veröffentlicht wurde, das zu Thorn EMI, einem der größten Waffenfabrikanten der Welt gehörte, ist ihm wohl leider entgangen.

Das „Solo"hafte dieser Arbeit kam auch bei der folgenden Video-EP, bei der Waters das einzige sichtbare Bandmitglied ist (wenn auch im Schatten verborgen), zum Vorschein. Die EP mit vier Titeln (Video Music Collection PM 0010) entstand nach einem Drehbuch von Waters unter der Regie von Christie. Interessanterweise enthielt die EP die Single aus dem Album und die drei Titel, die Gilmour noch für die besten hielt.

—

The Post War Dream

(Waters)

Das Album beginnt damit, dass die zentrale Figur (The Hero) in seinem Autoradio die Nachrichten hört, darunter eine Ankündigung, dass der Ersatz für „The Atlantic Conveyer", ein Containerschiff, das mit 24 Mann im Falkland-Krieg verloren ging, nicht wie gehofft in England, sondern in Japan gebaut würde (Die Szene wird zu Beginn der Video-EP benutzt, nicht aber der Song).

Danach ist der erste Vers in der ersten Person gehalten. Waters bezieht sich wieder auf den Tod seines Vaters. Sein unglücklicher Gebrauch des umgangssprachlichen Ausdrucks „Nips" für die Japaner und der Vorschlag, dass „alle ihre Kinder Selbstmord begehen" sollten, setzten ihn der Kritik aus, rassistisch zu sein.

„Maggie" ist natürlich Margaret Thatcher, die langjährige konservative Premierministerin, Baumeisterin des Falkland-Konflikts und eher das Ziel von Liedermachern wie Billy Bragg als von millionenschweren Rockstars.

Die Orchestrierung von Michael Kamen mit viel Blechbläsern verleiht der Nummer Gewicht.

Your Possible Pasts

(Waters)

Das Rattern von Eisenbahnwagen, die an die Viehwagen erinnern sollen, mit denen vor und während des II. Weltkriegs Juden, Zigeuner, Homosexuelle, Behinderte und Regimegegner in die Konzentrationslager des Dritten Reichs verfrachtet wurden, wurde holofonisch aufgenommen.

Ein heftiges Gitarren-Solo von Gilmour ist die einzige musikalische Farbe in der sparsamen Landschaft von Waters, und obwohl es nur eine Überarbeitung eines Songs ist, der für *The Wall* abgelehnt wurde, passt er hervorragend zu dem ernsten Thema. Im Text auf der Hülle und im CD-Booklet ist eine Strophe abgedruckt, die nicht gesungen wurde.

One Of The Few
(WATERS)

Zentrale Figur in dieser kurzen Überleitung und im nächsten Song ist der Lehrer aus *The Wall*, der, wie wir jetzt erfahren, ein in die Gesellschaft zurückgekehrter Kriegsheld ist. Der Arbeitstitel des Songs lautete *Teach*. Der Song ist wieder einmal ein Beispiel für die „Listen" von Waters beim Texten, der hier für den Titel ein Zitat aus Churchills berühmter Rede nach der Schlacht um England über die britischen Piloten benutzte: *„Never, in the field of human conflict, was so much owed, by so many, to so few"*.

The Hero's Return
(WATERS)

Der „Held" wird, wie wir erfahren, von den Erinnerungen an den Tod des Bordschützen seiner Flugzeugbesatzung geplagt, und kann nicht mit seiner Frau darüber sprechen.

Obwohl es wieder ein für *The Wall* abgelehnter Song war, bildete er die B-Seite zur Single *Not Now John* und war als *Parts I & II* bezeichnet, wobei *Part II* ein Vers war, der nicht auf dem Album zu hören war. Leider wurde die Chance, das Extramaterial bei der Neuauflage der CD einzubringen, nicht genutzt.

The Gunners Dream
(WATERS)

Der Traum des Bordschützen – und der Nachkriegstraum an sich – handelt von einer Welt frei von Furcht und Tyrannei im Großen wie im Kleinen, in der alte Menschen auf den Straßen sicher sind und keiner sich vor Geheimpolizei oder Terrorismus (eine Referenz an den blutigen Anschlag der IRA auf Militärmusiker im Hyde Park im Jahr 1981) fürchten muss. Die vorletzte Strophe ist die Stimme des „Helden". Ein hervorragendes Saxofon-Break von Raf „Baker Street" Ravenscroft ist einer der musikalischen Höhepunkte des Albums, der diesen Song ohne Zweifel zu einem der von David Gilmour akzeptierten drei machte.

Der Text, der sich auf *„the corner of some foreign field"* bezieht, entstammt dem Sonett des Dichters Rupert Brooke „The Soldier" aus dem Ersten Weltkrieg, einem ehemaligen Bewohner des Gebiets von Grantchester bei Cambridge. Die Originalzeilen lauten: *„If I should die, think only this of me: / That there's some corner of a foreign field / That is forever England"*.

Die sonst übliche Qualitätskontrolle von Pink Floyd hat hier wohl versagt, da dem Titel auf Cover und Label der Apostroph fehlte. Der Fehler wurde bei der CD beibehalten.

Die Video-EP beginnt mit dieser Nummer, und wir erfahren, dass der Sohn des Helden / Lehrers auf den Falklands gefallen ist. Der Hero wird von Alex McAvoy gespielt, der auch den Lehrer im Film „The Wall" verkörpert hatte, falls das jemandem entgangen sein sollte. Mund und Kinn von Roger Waters sind zu sehen, einmal auch sein Hinterkopf, als er mit einem Psychiater namens „A. Parker-Marshall" spricht, ein Name, der aus den Namen des Regisseurs des Films „The Wall" und dessen Produzenten Alan Marshall zusammengesetzt wurde. Waters spielte den Song bei seinen Konzerten 1984 / 85.

Paranoid Eyes
(WATERS)

Dies ist ganz einfach die Geschichte des „Helden" in seinen mittleren Jahren, der seine Ängste hinter Alkohol und übertriebener Haltung verbirgt.

In der ersten Hälfte ist der Song fast nur orchestral.

Get Your Filthy Hands Off My Desert
(WATERS)

Die zweite Seite des Albums beginnt mit einer holofonischen Aufnahme im besten Sinn: Eine Rakete startet vor dem Zuhörer, fliegt über seinen Kopf hinweg und explodiert hinter ihm.

Als ob die vorherige Orchestrierung noch nicht genug war, singt Waters den ersten Vers, in dem aktuelle Aggression beschrieben wird, zu einem Streichquartett – eine ferne Erinnerung an die psychedelische Zeit 1967!

Waters persönlich scheint der Song sehr wichtig zu sein, da er ihn auf all seinen Solo-Tourneen spielte, zuletzt im Jahr 2002.

The Fletcher Memorial Home
(Waters)

Der Titel ist eine Verbeugung vor dem Vater von Waters, Eric Fletcher Waters, dem das Album auch gewidmet ist. Waters schlägt hier vor, die Regierenden dieser Welt – im besten Falle unfähig und im schlimmsten korrupt und blutrünstig – zu versammeln und sie der gleichen „Endlösung" zu unterziehen, welche die Nazis im Holocaust anwandten.

Ein weiteres starkes Gitarren-Solo macht klar, warum dies einer der wenigen Tracks auf dem Album ist, die David Gilmour gefallen.

Als Abschluss des Videos verliert die Nummer durch den Einsatz eines Comic-Napoleons mit einer überdimensionalen Schnecke. Auch Thatcher und ein argentinischer General können gesehen werden, die sich um den Besitz eines Krocket-Balles streiten, wobei Winston Churchill zusieht.

Southampton Dock
(Waters)

In Southampton wurden viele Männer nach der argentinischen Invasion auf den Falklands eingeschifft. Es ist auch der Ort, an den später nicht mehr ganz so viele zurückkehrten.

Der zweite Vers bezieht sich wieder auf Margaret Thatcher. Das wurde ersichtlich, als Waters bei seiner Solo-Tour 1987 eine Zeile im zweiten Vers mit *„The slippery reins of state"* verlängerte. Er spielte den Song auch auf den Tourneen 1985, 2000 und 2002.

The Final Cut
(Waters)

In der Filmindustrie bezeichnet man mit „Final Cut" die endgültige Fassung des Films, bevor der Soundtrack hinzugefügt wird. Waters benutzt die Phrase, um sowohl Selbstmord und einen Angriff von hinten zu benennen. Das kann man auch an seiner Jacke auf einem der kleinen Bilder auf dem Cover sehen. Es zeigt ihn in einer Militäruniform. Er hält Filmrollen in den Händen und ein Beil steckt in seinem Rücken – eine Anspielung auf seine Beziehung zum Regisseur von *The Wall*, Alan Parker. Zu dieser Zeit besaß er auch eine Jacke mit einem im Rücken eingearbeiteten Messer, aus der theatralisch Blut strömte, wenn er auf einen Gummiball in der Tasche drückte.

Der Text nimmt Bezug auf *The Wall* und auf *Dark Side* ... Die Verbindung zum ersteren wird aber nur durch den abgedruckten Text klar, da die Worte auf der Platte in einem Pistolenschuss untergehen. Gilmour gibt seine Zustimmung zu diesem Song in Form eines sanften Gitarren-Solos.

Auf der Video-EP untermalt der Song eine Montage alter Wochenschauberichte in schwarzweiß, die Frauen aller Altersstufen bei Arbeit und Spiel zeigen.

Not Now John
(Waters)

Der einzige Gesangsbeitrag von David Gilmour auf diesem Album zeigt ihn in der Rolle eines anderen Typen. Er spielt jemanden, der seinen Kopf in den Sand stecken und sich nicht um den Zustand der Welt kümmern will. Die weiblichen Backgroundsängerinnen werden nicht angeführt. Im letzten Vers wird ein und dieselbe Zeile in gebrochenem Italienisch, Spanisch, Schul-Französisch und schließlich in britischem Englisch wiederholt, womit das Klischee des angetrunkenen britischen Rowdys nachgeäfft werden sollte, der in Europa Urlaub macht.

Not Now John war die einzige Single-Auskopplung von *The Final Cut*, bei welcher der Refrain durch *„Stuff all that“* ersetzt wurde. Aus diesem Grund wird die geänderte Fassung auch die „höfliche“ oder „obskure“ Version genannt.

Der Werbespot für die Single war der dritte Track auf der Video-EP. Er zeigte „typische“ faule britische Arbeiter, die in den Tag lebten, ohne sich um die Bedrohung durch den Wettbewerb der japanischen Wirtschaft zu kümmern. Falls Waters eine andere Bedeutung im Sinn gehabt hatte, ging sie verloren.

Waters spielte den Song 1987 auf seiner *Radio K.A.O.S.*-Tour.

Two Suns In The Sunset
(Waters)

Als der Erzähler – Waters oder der „Hero" – im guten alten Cowboystil in den Sonnenuntergang fährt, wird er von einer zweiten Sonne in seinem Rückspiegel, einer nuklearen Explosion, geblendet. Die Kinderstimmen gehören wahrscheinlich Harry und India, dem Sohn und der Tochter von Waters.

Das Schlagzeug wurde von Andy Newmark gespielt. Nick Mason hatte Schwierigkeiten, den Stil zu finden, den Waters haben wollte. Ob er es leichter gehabt hätte, wenn die Atmosphäre im Studio besser gewesen wäre, bleibt der Vermutung überlassen. Auf jeden Fall ist die letzte Nummer auf dem letzten Album, das Waters unter dem Namen Pink Floyd aufgenommen hat, wahrscheinlich ohne ein weiteres Mitglied der Band entstanden. Das Saxofon am Ende spielt Ravenscroft.

Anders als vorherige Konzeptalben von Pink Floyd – und auch die folgenden Solo-Werke von Waters – endet *The Final Cut* in einer sehr bedrückten Stimmung. Die Ironie der letzten Zeile *„we were all equal in the end"* entging all denen, die den Absturz der Band in Streitereien, bissige Pressemeldungen und gehässige Bemerkungen beobachteten, natürlich nicht.

A Momentary Lapse Of Reason
(EMI CDP 7 48068 2; veröffentlicht am 7. September 1987)
Charts UK: Platz 3; Charts USA: Platz 3

1986 verkündete Roger Waters der Welt, dass er Pink Floyd, die er als „kreativ ausgebrannt" beschrieb, verlassen hatte. Er nahm wahrscheinlich an, dass die Band ohne ihn aufhören würde zu existieren. Das Management von Pink Floyd dementierte umgehend in einer Pressemeldung und kündigte den Fortbestand der Band an. Das war der Beginn der schwierigsten Periode in der Geschichte der Gruppe. Während sich Waters zuerst mit Unterlassungsklagen und dann mit seiner Solo-Karriere beschäftigte, begannen Gilmour und Mason mit der Arbeit am neuen Pink Floyd-Album.

Man bräuchte ein wesentlich dickeres und ausführlicheres Buch, um alle Argumente und Gegenargumente anzuführen. Aber die Essenz der Klagen von Waters (die Band sollte ohne ihn nicht weiter existieren. Punkt) bestand darin, dass das Album von einer Art „Ersatz"-Pink Floyd sei, geschaffen von einer Armee von Ghostwritern und Studio-Musikern. Obwohl Gilmour das damals abstritt, gab er zu einem späteren Zeitpunkt überraschend zu: „Nick spielte ein paar Toms bei einem Track, aber für den Rest musste ich andere Schlagzeuger holen. Rick spielte ein paar winzige Parts. Meistens spielte ich die Keyboards und tat, als wäre ich er." Trotzdem hatte Nick Mason so die Ehre, die einzige Person zu sein, die auf jedem Album von Pink Floyd mitspielte.

Wright war während der Aufnahmen zu seinen Kollegen gestoßen. Aber nachdem er sich von seinen Anwälten hatte beraten lassen, beschloss er, der Band nicht formell beizutreten, sondern in einem Angestelltenverhältnis zu bleiben. Bei den Credits erscheint sein Name auch nur in dem wesentlich kleineren Schriftzug, der für die vielen Studio-Musiker benutzt wurde, und sein Bild steht auch nicht neben den von David Bailey angefertigten Portraits von Gilmour und Mason.

Lapse wurde von Bob Ezrin und David Gilmour produziert, was Waters wiederum ärgerte, da es Ezrin, wie behauptet wird, ablehnte, *Radio K.A.O.S.* von Waters zu produzieren, damit er sich dem Projekt von Pink Floyd widmen konnte. Die Aufnahmen begannen auf dem Hausboot-Studio „Astoria" von David Gilmour und wurden dann in einer Reihe von Studios in Los Angeles fortgesetzt, damit das Album von Studio-Musikern fertiggestellt werden und die Band den dauernden Anrufen von Anwälten, die sich auf den Kampf mit Waters vorbereiteten, entgehen konnte. Auch Britannia Row wurde benutzt. Waters wurde durch Tony Levin, einen der weltweit führenden Studio-Bassisten, ersetzt. Pat Leonard, besser durch seine Zusammenarbeit mit Madonna bekannt, spielte Synthesizer und Jim Keltner und Carmine Appice steuerten das Schlagzeug bei.

Waters' Abschied machte den Weg für die Rückkehr von Storm Thorgerson auf seinen, wie viele meinen, angestammten Platz als Coverdesigner für Pink Floyd frei. Sein Cover für dieses Album ist so imaginativ, stark und – tatsächlich – teuer, wie es zu Pink Floyd passt. Er übernahm Saunton Sands in North Devon für zwei Tage und baute buchstäblich Hunderte von Krankenhausbetten am Strand auf. Obwohl es wahrscheinlich einfacher gewesen wäre, ein wenig zu schummeln und das Bild zu retuschieren, zieht sich die Reihe von Betten tatsächlich zwei Meilen am Strand entlang.

Nach seiner Meinung über das Album befragt, beschrieb Waters es knapp als „ganz ordentliche Fälschung".

Signs Of Life
(Gilmour/Ezrin)

Der Song, ein einfaches Instrumental mit Gitarre und Synthesizer, das auf einem Demo von Gilmour aus dem Jahr 1978 basiert, wird von dem Geräusch eines Ruderboots eingeleitet und bringt dann gesprochene Worte von Nick Mason zu Gehör. Hier wird schon der Weg des Albums aufgezeigt. Beinahe wäre es der Titelsong geworden, aber man stellte bald fest, dass dies nur Futter für sarkastische Kritiker wäre. Er wurde auch für den Soundtrack *La Carrera Panamericana* benutzt.

Learning To Fly
(Gilmour/Moore/Ezrin/Carin)

Der Song basiert auf einem Keyboard-Instrumental von Jon Carin und erzählt die Geschichte von David Gilmours Flugstunden. Als ausgebildeter Pilot (und Besitzer einer eindrucksvollen Flotte historischer Flugzeuge) schwänzte Gilmour oft die Aufnahmen, um Flugstunden zu sammeln und seiner Lizenz noch besondere Fähigkeiten hinzuzufügen. Er gestattete Nick Horne im Juli 1992 während des Interviews bei Radio One, 90 Sekunden des Demos von Carin zu senden.

Anthony Moore, späteres Mitglied der von Blackhill gemanagten Band Slapp Happy, schrieb mit Unterstützung von Gilmour den Text. Dazu kam eine Aufnahme von Nick Mason beim Verlesen der Checkliste vor dem Flug. Eine bearbeitete Version des Songs kam als erste nur als CD erschienene Single auf den Markt (EMI CD EM 26), obwohl EMI ein wenig schummelte und 7"-Vinyls (pink und schwarz) als sogenannte „Promo"-Exemplare auf den Markt brachte.

Storm Thorgerson fertigte zwei Werbefilme an, von denen einer bei Live-Aufführungen gezeigt wurde.

The Dogs Of War

(Gilmour/Moore)

Der Titel stammt aus der Rede des Antonius in Julius Caesar von William Shakespeare, in der es heißt *„Cry ‚Havoc!' and let slip the dogs of war!"* Fredrick Forsyth benutzte den Ausdruck auch als Titel seines Romans über Söldner, die auch Thema des Songs sind. Der Text, der keinen Bezug zu dem ähnlichen Titel auf *Animals* hat [*Dogs*, Anm. d. Red.], wurde von Anthony Moore aus einer Idee von Gilmour entwickelt. Die Zeile *„we all have a dark side"* ist, wie Gilmour zugegeben hat, ein Seitenhieb auf Roger Waters.

Eine der schlechtesten Stellen dieser sonst durchschnittlichen Rocknummer ist das Saxofon von Scott Page, einer der Tiefpunkte in der Geschichte von Pink Floyd. Trotzdem wurde die Nummer immer wieder live gespielt. Eine Version, die im November 1987 in Atlanta aufgenommen wurde, bildete die B-Seite einiger Ausgaben von *One Slip*. Ein Werbefilm für die Single wurde beim gleichen Konzert gedreht.

One Slip

(Gilmour/Manzanera)

Bei dieser Gelegenheit wurde der Text von Gilmour mit der Musik eines Freundes aus frühen Zeiten von Pink Floyd, Phil Manzanera, dem ehemaligen Gitarristen von Roxy Music, gekoppelt. Eine der Textzeilen wurde zum Titel des Albums, doch diese Entscheidung fiel in letzter Minute. Zufällig (oder auch nicht) werden Manzanera und Pink Floyd beide von Steve O'Rourkes Gesellschaft EMKA Productions betreut.

One Slip, ein weiterer Song von *La Carrera Panamericana*, war die dritte und letzte Single-Auskopplung vom Album (EMI EM 52) und konnte auf der Tour 1987-89 und einige Male bei Konzerten 1994 live erlebt werden. Neben der Single-CD gab es 7"-Vinyls (schwarz und pink) und zwei 12"-Versionen, von denen eine mit Poster kam. Alle hatten auf der Rückseite *Terminal Frost*, und die

12"-Versionen und die Single-CD boten noch die Live-Aufnahme von *The Dogs Of War* aus Atlanta.

On The Turning Away

(Gilmour/Moore)

Wenn dieser Song wie eine traditionelle Ballade mit dem Gesang von Gilmour zu einem minimalen Keyboard fast a cappella einsetzt, ist man in Versuchung, sich Gilmour in einem Wollpullover mit einem Finger im Ohr vor einer Bande bärtiger Biertrinker in einem kleinen Folkclub vorzustellen. Leider geht es nicht so weiter: Abgedroschene Keyboards, die an *The Wall* erinnern, und einfallsloses Schlagzeug pushen den Song vorwärts, bevor ein herzhaftes Solo von Gilmour ihn davor bewahrt, vollständig in den Mainstream abzurutschen. Der Text stammt wieder von Moore mit Unterstützung von Gilmour.

Als dieser Song als zweite Single-Auskopplung aus dem Album veröffentlicht wurde (EMI EM 34), fand man als Rückseite eine Live-Version von *Run Like Hell*. Wie schon bei *One Slip* gab es Singles in 7" (Pink Vinyl) und als Maxi mit Postercover und die üblichen 7", 12" und CDs. Sowohl die 12" als auch die CD boten zusätzlich eine Live-Version von *On The Turning Away*, die wie *Run Like Hell* in Atlanta aufgenommen worden war.

Yet Another Movie

(Gilmour/Leonard)

Ein eher langweiliger Song, dem all die Dynamik fehlt, die Pink Floyd über sämtliche Nachahmer erhob. Nur das Gitarren-Solo ist interessant. Trotzdem hielt Nick Mason den Song für eines der Highlights des Albums, wahrscheinlich, weil dem Schlagzeugsound viel Aufmerksamkeit geschenkt wurde. Jim Keltner und der Percussionist Steve Forman spielten in einem sehr großen Studio. Instrumentale Auszüge finden sich auf *La Carrera Panamericana* wieder.

Der Filmdialog im Hintergrund ist aus einem von Marlon Brandos Monologen in „On The Waterfront" sowie aus „Casablanca" (Bogarts „You've got to listen ..." bei 5'24", und Ingrid Bergmans „What have I done?") „geborgt" worden.

Round And Around

(GILMOUR)

Ein instrumentaler Nachspann zu *Yet Another Movie*, mit dem zusammen es auf der CD als ein Stück angegeben wurde. Es soll auch eine unveröffentlichte Version von fünf Minuten Länge geben.

A New Machine, Part 1

(GILMOUR)

Wahrscheinlich der schlechteste Song, der je von Pink Floyd – zumindest seit 1970 – aufgenommen wurde. Die Stimme von Gilmour wird durch einen Vocoder gejagt und von einem miesen Keyboard begleitet.

Gilmour hat darauf bestanden, dass der Titel keine Verbindung zu *Welcome To The Machine* hat.

Terminal Frost

(GILMOUR)

Ein ruhiges Stück, von vorne bis hinten voller Gitarrenverzierungen mit Overlays von Saxofon und Keyboard und zurückhaltenden Stimmen im Hintergrund, bei dem Gilmour in Erwägung zog, noch Gesang hinzuzufügen.

Die CD-Single *Learning To Fly* bot als Extra *Terminal Frost* (DYOL-Version), wobei DYOL für „spiele dein eigenes Solo" stand. Teile der Lead-Gitarre waren aus dem Mix genommen worden, um es kleinen Gilmours zu gestatten, auf ihren eigenen Gitarren, Tennisschlägern oder Haarbürsten mitzuspielen, obwohl man keine großen Unterschiede im Mix hört.

A New Machine, Part 2

(GILMOUR)

Wie der Titel verrät, handelt es sich um die Fortsetzung von *Part 1*. Sowohl *A New Machine* als auch *Terminal Frost* wurden Jahre vor Beginn der Arbeiten an diesem Album geschrieben.

Sorrow
(Gilmour)

Viele denken, dieser Song sei über Waters, eine Vorstellung, die Gilmour immer zurückgewiesen hat. Er behauptete, dass die Inspiration zum Text von einem Gedicht stammt, an das er sich aber nicht mehr erinnern kann. Zum ersten Mal in seiner Laufbahn schrieb Gilmour den Text vor der Melodie. Seine Zeile *„promises broken"* kam auch für den Titel des Albums in Frage. Wieder ein Song, dessen Melodie bei *La Carrera Panamericana* benutzt wurde.

Der eindrucksvolle Sound der Gitarre wurde durch einen cleveren, aber teuren Trick erreicht: Gilmour spielte in der L.A. Sports Arena über eine riesige P.A. und nahm das Ergebnis auf. Gilmour behauptet, dass das Gitarren-Solo beim ersten Take aufgenommen wurde, ohne dass eine weitere, bessere Aufnahme in Betracht gezogen wurde. Kurze, rückwärts gespielte Passagen können bei 4'44" und bei 4'52" gehört werden.

Delicate Sound Of Thunder

(EMI CDS 7914802; veröffentlicht am 22. November 1988)
Charts UK: Platz 11; Charts USA: Platz 11;
Video: PMI MVN 9911863; veröffentlicht am 5. Juni 1989

Im September 1987 begannen die neuen Pink Floyd eine ursprünglich als kurz geplante Tournee durch Stadien in Amerika. Am Ende war die Nachfrage nach Tickets so groß, dass die Tour 3 Jahre dauerte, 200 Auftritte mit sich brachte und auch nach Australien, Neuseeland, Russland und Europa führte. Für die Tour wurden die drei Floyd-Männer von Guy Pratt (bass), Jon Carin (keyboard), Gary Wallis (drums), Tim Renwick (ein Veteran aus Cambridge und alter Freund von Gilmour an der Gitarre) und Scott Page (Saxofon und Gitarre) unterstützt. Es gab auch einige Backgroundsängerinnen, die im Lauf der Tour kamen und gingen. Zu Beginn waren es Margaret Taylor und Rachel Fury. Als das Konzert in Atlanta, Georgia im November 1987 für ein erfolgloses Video- und Plattenprojekt gefilmt wurde (einige Tracks wurden

als B-Seiten von Singles benutzt, und die Show sollte im irischen Fernsehen gesendet werden, was dann doch nicht geschah), wurden drei andere Sängerinnen engagiert, darunter Durga McBroom, um der Sache „mehr Farbe zu geben". McBroom beeindruckte so, dass sie gebeten wurde, bei der Band zu bleiben (Taylor wurde bei der Tour ab 1989, als für diese Live-Platte geworben wurde, durch Durgas Schwester Lorelei ersetzt).

Im August 1988 nahmen Pink Floyd im Nassau Coliseum, New York für diese Doppel-CD fünf Shows auf, die auch gefilmt wurden. Der Produzent war David Gilmour. Beim Video führte Wayne Isham Regie. Auf dem Video befinden sich auch Aufnahmen von ihrem historischen Auftritt vor dem Palast von Versailles. Es ist auch als Laser Disc und Video-CD erhältlich. Es existieren Berichte, dass die Band einen ganzen Nachmittag im völlig leeren Coliseum verbracht hat, um einen einzigen Song aufzunehmen, ihn wieder und wieder spielte, bis das gewünschte Ergebnis erreicht war.

Der Film leidet unter dem verträumten Stil von Isham – viel Zeitlupe, Unschärfe, lange Überblendungen. Der Zuschauer wird von dem visuellen Spektakel, das ein Konzert von Pink Floyd ausmacht, abgelenkt. Das passt vielleicht in ein kurzes Werbevideo, wird aber nach 15 Minuten ganz schön ermüdend. Das unter der Regie von Isham gedrehte Video vom Konzert in Venedig hat ähnliche, aber nicht ganz so ausgeprägte Mängel. Noch schlimmer ist der blaue Nebel, der sich durch das ganze Konzert zu ziehen scheint und nicht ahnen lässt, dass die Konzerte in Wirklichkeit eine unglaublich farbige Angelegenheit waren.

Ein möglicher Grund für die Nichtverwendung der Aufnahmen aus Atlanta schien auf, als Gilmour zugab, dass zu Beginn der Tour Wallis alle Schlagzeugparts und Carin alle Keyboardparts gespielt hatte. Erst später sah Gilmour Mason und Wright wieder als vollständige Bandmitglieder an.

Das Cover stammte wieder von Thorgerson. Der von Glühbirnen bedeckte Mann stellte das visuelle Spektakel einer Show von Pink Floyd dar, und die auffliegendenden Vögel den Sound.

Einer der Slogans auf den Tour-Shirts „Pink Floyd – First In Space" – erwies sich als unerwartet prophetisch, als Kosmonauten vier Tage nach Veröffentlichung des Albums eine Cassette von

Delicate ... und ein Walkman-ähnliches Gerät mit sich auf die Raumstation MIR nahmen. Gilmour und Mason beobachteten den Start der Sajut-Rakete im russischen Cosmodrom in Baikonur, Kasachstan, wo früher auch der Sputnik und Juri Gagarin gestartet waren.

Es ist bemerkenswert, dass bei jedem der Lieder, außer den neuen, der Name Waters bei den Komponisten auftaucht.

1990 spielten Pink Floyd nur ein Konzert, und zwar auf dem Festival in Knebworth neben Robert Plant, Genesis, Eric Clapton, Paul McCartney und anderen. Das Festival wurde von BBC Radio One aufgenommen und auf der ganzen Welt mit Ausnahme von England, wo nur Höhepunkte zu sehen waren, ausgestrahlt. Es erschien auch als Platte unter dem Namen *Knebworth – The Album* (Polydor 843 921-2) und als Set mit drei Videos mit dem Titel „Knebworth – The Event". Pink Floyd sind nur auf dem dritten Video zu sehen (Castle Music Pictures CMP 6008). Sie spielen auf dem Album *Comfortably Numb* und auf dem Video „Shine On You Crazy Diamond". Die Nummer *Run Like Hell* findet sich auf beiden Formaten wieder. Zur Besetzung gehörten hier auch Candy Dulfer, die Scott Page am Saxofon ersetzte, und die Backgroundsängerin Sam Brown, ihre Mutter Vicky und Durga McBroom sowie die mittlerweile bekannten Begleitmusiker. Clare Torry kam als Gast, um ihre Darbietung von *Great Gig* ... zu wiederholen, und Michael Kamen spielte bei *Comfortably Numb* Keyboards.

Shine On You Crazy Diamond

Als Eröffnungsnummer für alle Konzerte außer den ersten auf ihrer Tour mit 200 Auftritten wählten Pink Floyd *Shine On ... Parts 1–5* aus. Ein feiner Start, der aber unter einem wirklich grauenhaften Saxofonspiel litt, leider typisch für die Arbeit von Scott Page bei der Tournee. Den Betrachtern des Videos bleibt das jedoch erspart, da nur *Part 1*, die Gitarreneinleitung von Gilmour, gezeigt wird.

Auf dem Rest der ersten CD befindet sich Material von *Momentary Lapse* ...

Signs Of Life

NUR AUF VIDEO

Obwohl musikalisch nicht sehr spektakulär, bekommen die Betrachter hier die Chance, speziell für die Tour gedrehtes Filmmaterial zu sehen, obwohl die Originalaufnahmen statt einer Abfilmung von der Bühnenleinwand besser gewesen wären.

Learning To Fly

Neben einigen Gitarren-Improvisationen und wilden Pauken in der letzten Minute gibt es keine großen Unterschiede zur Album-Version. Gilmour gestattete Renwick immer wieder, viele Solos zu spielen, und entschied sich dafür, während seines Gesangs die Rhythmusgitarre zu übernehmen.

Obwohl die Filmprojektionen manchmal flüchtig auftauchen, waren die Fans enttäuscht, dass nicht alles zu sehen war; sie glaubten, dass dadurch das Feeling verlorenging.

Yet Another Movie

NICHT AUF DEM VIDEO

Außer einem übertriebenen Echo bei Gilmours Gesang ist dies auch sehr eng an die Album-Version angelehnt, inklusive Filmdialog usw.

Das visuelle Highlight dieses Stücks bei den Konzerten waren Masons und Wallis' Neon-Trommelstöcke, die ihre Farbe veränderten. Am eindrucksvollsten war das aus einiger Entfernung, wenn die Bühnenbeleuchtung abgeblendet wurde. Da der Track nicht auf dem Video zu sehen ist, nahm Isham diese Bilder für „Time" her, aber der ursprüngliche Platz der Szene kann leicht erraten werden, da bei diesem Track dann nach ungefähr einer halben Minute sonst unerklärlicher Jubel zu hören ist.

Round And Around

NICHT AUF DEM VIDEO

Diesmal extra neben *Yet Another Movie* angeführt, war dies mit 34 Sekunden die kürzeste Nummer, die Pink Floyd aufgenommen haben, bis *The Show Must Go On* auf dem Remaster der CD von *The Wall* ihr diesen Rekord abnahm.

Sorrow

Nur unbedeutend länger als die Studio-Version und fast gleich gespielt.

The Dogs Of War

Gilmour taucht kurz in dem Film von Storm Thorgerson auf, der während des Konzerts projiziert wurde. Wieder belebt eine Extra-Gitarre den Song etwas.

On The Turning Away

Unterscheidet sich von der Version auf *Momentary Lapse* ... nur durch ein längeres Keyboard-Intro und mehr Gitarre am Ende.

One Of These Days

Disc 2 beginnt mit dem zweiten Oldie-Set des Konzerts und ist eine Sammlung von Hits ohne Material von *Momentary Lapse* .... Das bedrohliche *One Of These Days* war für Pink Floyd der richtige Zeitpunkt für das Erscheinen des neuen Schweins, welches, um Probleme mit dem Copyright der Sau von Roger Waters zu vermeiden, männliche Geschlechtsteile vorweisen konnte. Trotzdem wird bei den Credits des Videos etwas boshaft angeführt: „Originalschwein R. Waters“. Obwohl das Schwein im Video zu sehen ist, erscheint es eigentlich nie deutlich genug, um entsprechend gewürdigt zu werden.

Time

Die Stimme von Rick Wright klingt nach so langer Pause erfreulich sicher.

Im Video sehen wir wirkungsvolle Ausschnitte des originalen Zeichentrickfilms von Ian Eames, aber die Neon-Trommelstöcke sind von „Yet Another Movie“ ausgeliehen.

On The Run

NUR AUF DEM VIDEO

Ein neuer Film mit der gleichen Figur aus „Signs Of Life“ ist hinter der Band zu sehen und betont die paranoiden Aspekte.

Nicht ganz so einleuchtend ist das Bett, das (an einem Drahtseil) von hinten angeflogen kam und auf der Bühne explodierte. Bei anderen Konzerten wurde es durch eine geflügelte Kreatur ersetzt, der die Fans den Spitznamen „Ikarus“ gaben; sie tauchte bei *Learning To Fly* auf.

The Great Gig In The Sky

NUR AUF DEM VIDEO

Obwohl sie gut waren, erreichten die drei Sängerinnen nicht die Klasse von Torrys Original. Das Feuerwerk stammt von dem Auftritt in Versailles.

Wish You Were Here

Gilmour und Renwick spielen ein Duett mit akustischen Gitarren.

Us And Them

NICHT AUF VINYL

Hier ist mehr von den projizierten Filmen zu sehen als bei den anderen Nummern; sehr ärgerlich, dass einige Teile nur am Rand des Bildschirms auftauchen.

Money

AUF MC UND VIDEO WEGGELASSEN

Obwohl die Nummer originalgetreu beginnt, wird sie durch viele Solos, welche die einzelnen Musiker und Sängerinnen abwechselnd darbieten, auf zehn Minuten gestreckt. Puristen störte es, dass sich diese „Session" auf der Tour jeden Abend fast unverändert wiederholte. Die Reggae-Gitarre von Pratt wurde besonders stark kritisiert.

Another Brick In The Wall Part II

AUF DEM VIDEO WEGGELASSEN

Komplett mit Bandaufnahmen von singenden Schulkindern. Hier finden wir wieder einen radikal überarbeiteten Schluss mit Gitarren- und Bass-Solos vor. Die eigenartige Ausblendung war im Konzert eindrucksvoller, da der Kinderchor mit dem berühmten „Azimuth Co-Ordinator" der Band – einem Joystick, der benutzt werden konnte, um den Quad-Mix zu verändern – abwechselnd durch die Boxen geschickt wurde.

Comfortably Numb

Obwohl oft der Bassist Guy Pratt den Gesangspart von Waters übernahm, teilten sich hier auf dem Video Jon Carin und Rick Wright die Aufgabe.

Bei jeder anderen Band hätte eine Spiegelkugel lächerlich gewirkt, aber in den Händen von Pink Floyd wurde sie zu einem der Höhepunkte des Konzerts. Das kann damit zu tun haben, dass die, welche während des langen Gitarren-Solos von Gilmour aufstieg, riesengroß war und sich mitten im Song wie eine Blüte öffnete. Leider fängt der Film von Isham dieses denkwürdige – und oft bewunderte – Highlight der Show nur schlecht ein. Noch schlimmer: Das Solo wurde gnadenlos und schlecht zusammengeschnitten. Auch kann man auf Grund der schlechten Bearbeitung des Films im ersten Gitarren-Break deutlich sehen, dass Gilmour seine Hand auf der Gitarre abstützt, während sein Solo noch aus den Boxen ertönt.

One Slip

NUR AUF VIDEO

Guy Pratt zeigt seine Daumen-Slapping-Technik am Bass (was hätte wohl Roger dazu gesagt?) und Page spielt E-Gitarre.

Run Like Hell

Fast immer als letzte Zugabe gespielt, wobei Pratt wieder den Gesangspart von Waters übernahm. Diese Nummer und *One Slip* wirkten nach *Comfortably Numb* sowohl visuell als auch akustisch trotz des ganzen Arsenals von Feuerwerkskörpern am Ende wie ein Antiklimax.

La Carrera Panamericana

(MUSIC CLUB VIDEO MC 2134; FRÜHER ERHÄLTLICH UNTER PICTURE MUSIC INTERNATIONAL MVN 991 345 3; VERÖFFENTLICHT AM 13. APRIL 1992)

Songs: *Run Like Hell; Pan Am Shuffle; Yet Another Movie; Sorrow; Signs Of Life; Country Theme; Mexico '78; Big Theme; Run Like Hell; One Slip; Small Theme; Pan Am Shuffle; Carrera Slow Blues.*

Im Oktober 1991 nahmen David Gilmour und Nick Mason an einem 2.500 Meilen langen Autorennen in Mexiko namens La Carrera Panamericana teil. Sie finanzierten ihre Teilnahme durch Sponsoren und die Produktion dieses Dokumentarfilms, für den sie einen instrumentalen Soundtrack anfertigten.

Der Event wiederholte das originale Rennen, das 1954 nach einer Reihe von Unfällen aufgegeben worden war. Gilmour und der Manager Steve O'Rourke fuhren den Nachbau eines Jaguar C-Type, Mason und Valentine Lindsay (ein Angestellter von Ten Tenths, der Firma, die sich um die große Autosammlung von Mason kümmerte) ebenso. Mason und Lindsay kamen auf den achten Platz, aber Gilmour und O'Rourke erreichten nach einem von O'Rourke verschuldeten Unfall, bei dem dieser sich ein Bein brach, das Ziel nicht. Gilmour kam mit ein paar Schrammen davon.

Der Film, geleitet und produziert von Ian McArthur, wurde im Dezember jenes Jahres auf BBC 2 erstmals im Fernsehen ausgestrahlt. Das kommerzielle Video ist allerdings etwas anders. Neben Ausschnitten von *Run Like Hell* und Songs von *Momentary Lapse ...* wurden einige neue, von David Gilmour produzierte Songs verwendet. *Pan Am Shuffle* und *Carrera Slow Blues* waren seit *Any Colour You Like* die ersten gemeinschaftlichen Kompositionen von Gilmour / Mason / Wright. Die übrigen neuen Stücke waren von Gilmour geschrieben und alle von dem Trio mit Unterstützung von Jon Carin, Guy Pratt, Gary Wallis und Tim Renwick eingespielt worden. Trotz anfänglich anderer Pläne erschien das neue Material nicht auf *The Division Bell.*

Shine On

(EMI 7 80557 2; VERÖFFENTLICHT AM 9. NOVEMBER 1992)

Eine aufwändig gestaltete Box, die *A Saucerful Of Secrets, Meddle, Dark Side Of The Moon, Wish You Were Here, Animals, The Wall* und *A Momentary Lapse Of Reason* enthielt. Alle Alben waren digital remastered und wurden in speziellen schwarzen CD-Boxen ausgeliefert, die, wenn sie nebeneinander standen, auf dem Rücken das Prisma von *Dark Side ...* bildeten. In der Box befanden sich auch noch Postkarten, ein Buch und eine „Bonus-CD" mit den A- und B-Seiten der ersten fünf Singles der Band, die ebenfalls digital remastert worden waren.

Während neuen Fans hier eine günstige Gelegenheit geboten wurde, sieben der beliebtesten Alben von Pink Floyd auf einmal zu erwerben, betrachteten eingefleischte Fans der Band die Box als Eigentor. Obwohl sie jetzt die ersten Singles auf CD haben konnten, hatten sie statt der Alben, die sie ja schon besaßen, mehr Raritäten in Form unveröffentlichter Stücke, alternativer Aufnahmen und Live-Aufnahmen erwartet. Stattdessen erhielten sie eine umweltfeindliche Packung mit einem Buch, dessen unzählige Ungenauigkeiten und Fehler noch von der Tatsache gekrönt wurden, dass die letzte Seite mitten im Satz endete. Vielleicht waren die mysteriösen Klänge am Ende von *Dark Side* ... hinzugefügt worden, um die Schreie der gequälten Lektoren zu übertönen.

Im Gegensatz zu den anderen CD-Versionen führt *Dark Side Of The Moon* die Songs *Speak To Me* und *Breathe* als zwei Tracks an. Bei *The Wall* wurden die Fehler bei *Young Lust* und *One Of My Turns* beseitigt. Von allen Alben zeigte wahrscheinlich *Animals* die meisten Verbesserungen, da der verwaschene Sound, der die ersten Ausgaben auf CD so beeinträchtigt hatte, aufpoliert worden war. Auf der anderen Seite musste *Momentary Lapse* ..., da es erst kürzlich digital aufgenommen worden war, nicht nochmals frisch bearbeitet werden.

In den verschlungenen Schriftzeichen auf den CD-Labels kann man „the Big Bong Theory" entziffern, was anfangs für den Titel der Box in Frage kam, aber als „zu drogenlastig" abgelehnt wurde.

Trotz eigener Katalog-Nummer (7 80572 2) ist die Bonus-CD mit dem Titel *The Pink Floyd Early Singles* offiziell nicht einzeln erhältlich. Es gibt aber ziemlich professionelle Bootlegs davon. Inhalt:

Arnold Layne

(BARRETT)

Ursprünglich bei den von Whitehead finanzierten Demo-Sessions im Januar 1967 aufgenommen. Diese Aufnahme entstand einen Monat später bei Sound Techniques mit dem inzwischen legendären Produzenten Joe Boyd („produziert von Joe Boyd für Blackhill Enterprises") als erste Single der Band (Columbia DB 8156), die in den britischen Charts auf Platz 28 kam.

Der Song erzählt die Geschichte von einem Transvestiten, der Kleider stiehlt, und wurde durch den Diebstahl der Unterwäsche der weiblichen Studenten, die bei den Müttern von Waters und Barrett in Untermiete lebten, angeregt. Das war kein Thema für den Piratensender Radio London, obwohl die BBC den Titel spielte. Der Band war das, obwohl sie anfänglich über die Vereinfachung des Themas etwas irritiert war, egal, weil sie sowieso gegen die Veröffentlichung der Single gewesen war. Sie waren der Meinung, dass sie sich von so einfachen Pop-Melodien weiterentwickelt hätten.

Ein Werbefilm wurde gedreht, in dem Syd und die anderen mit einer Schaufensterpuppe spielen. Waters zeigte den Film während einer „Teepause" auf der Bühne bei seinen Konzerten im Jahr 1987.

Candy And A Currant Bun
(Barrett)

Die B-Seite von *Arnold*, auch erstmals bei den Whitehead-Sessions aufgenommen, war eigentlich als *Let's Roll Another One* bekannt. Der Text beschrieb direkt die Freuden weicher Drogen. EMI schreckte natürlich vor der Vorstellung, solch einen Titel zu veröffentlichen, zurück und bestand darauf, dass Titel und Text geändert würden. Die Passage *„tastes good ..."* blieb aber.

See Emily Play
(Barrett)

Die nächste Single *See Emily Play* (Columbia DB 8214), zur gleichen Zeit aufgenommen wie *Piper*, kam vor dem Album heraus. Doch Norman Smith hielt es für nötig, zu Sound Techniques zurückzukehren, um den Sound und das Gefühl von *Arnold Layne* neu einzufangen. Ein Besucher bei den Aufnahmen im Studio war Barretts Freund aus Cambridge: David Gilmour. *Emily ...* wurde dreimal bei „Top Of The Pops" gespielt. Unverzeihlicherweise löschte die BBC in den 80ern alle drei Masterbänder, weil der Platz für andere Produktionen benötigt wurde.

Der Song wurde unter dem Titel *Games For May* über ein Festival mit gleichem Namen, das im Mai 1967 in London in der Queen Elizabeth Hall stattfand, geschrieben. Dieser Titel taucht auch bei den überarbeiteten Texten auf. Barrett behauptete später, der Song handle von einem Mädchen, das er in einem Wald „im Norden" gesehen habe, in dem er nach einem Konzert geschlafen hatte. Der Song wurde einige Male live gespielt, vor allem um die Pop-Fans zu befriedigen, die auf Grund der Platzierung der Single in den Charts (Nummer 6) in die Konzerte kamen und von den typischen langen instrumentalen Improvisationen verschreckt waren.

Eine limitierte Zahl von Promo-Kopien – mittlerweile gesuchte Sammlerstücke – wurde mit einem Bildcover veröffentlicht, das eine kindliche Zeichnung einer Eisenbahn von Syd Barrett zeigte. Seine Zeichnung wurde auch in Werbeanzeigen für die Single verwendet.

Ein Film, wahrscheinlich von einem belgischen Fernsehsender angefertigt, zeigt die Band der Gilmour-Ära in einem Park; sie macht keine Anstalten, vernünftig Playback zu spielen, während der Sound abläuft. Der Film ist auf dem Video-Sampler „Rock'n'Roll Years 1967" (Video Collection VC 4058) zu sehen.

Scarecrow
(Barrett)

Die B-Seite von *Emily* war genau die gleiche Aufnahme, die auf *Piper* ... erschien. Der Song tauchte in einem frühen – und passend bizarren – Werbefilm für eine Pathé-Wochenschau auf und gab den jungen Pink Floyd die Möglichkeit, sich so richtig aufzuführen.

Apples And Oranges
(Barrett)

Die letzte Single von Barrett für die Band (Columbia DB 8310) wurde bei nur zwei Sessions aufgenommen. Waters behauptete, dass die Pfuscherei bei der Produktion von Smith einen guten Song ruiniert hätte. Barrett sagte, die Inspiration zu dem Lied stamme von einem Mädchen, das er beim Einkaufen gesehen hatte.

Der Song wurde im Oktober 1967 für die BBC aufgenommen und von der Band bei ihrem ersten Fernsehauftritt in Amerika bei „Dick Clarke Bandstand" Playback gespielt, wobei sich Barrett als besonders unkooperativ erwies. Bei einem Promo-Video von 1968 tut Waters so, als ob er sänge und Gilmour Gitarre spielt.

Wie schon bei *Emily* ... erschienen auch von diesem Song Promos mit begehrter Bildhülle, aber mit einem schlechten Design, auf das die Band keinen Einfluss hatte.

Paintbox
(Wright)

Die B-Seite von *Apples And Oranges* wurde vom Komponisten gesungen. Die Textzeilen *„Sitting in a club with so many fools / Playing to the rules / Trying to impress, but feeling rather empty"* zeigen deutlich, wie Wright und eigentlich die ganze Band sich fühlten, wenn sie ihre Pop-Hits statt ihrer bevorzugten psychedelischen Improvisationen spielen mussten.

It Would Be So Nice
(Wright)

Die erste Single nach Syd (Columbia DB 8410) wurde ungefähr zu der Zeit aufgenommen, als das Album fertiggestellt wurde. Von Wright gesungen, war dies seine einzige Komposition für Pink Floyd, die als A-Seite einer Single erschien. Die Single ging unbemerkt unter. Wahrscheinlich, weil das vielversprechende Intro in einen Schlager überging, der nur durch den Harmoniegesang im Refrain zu ertragen war. Die Band selbst zeigte schnell ihre Abneigung gegenüber diesem Song.

Der ursprüngliche Bezug auf die Londoner Zeitung „Evening Standard" musste auf Druck des Herausgebers in die fiktive „Daily Standard" geändert werden. Diese spätere Version ist hier und auf allen bekannten Samplern zu hören.

Julia Dream
(Waters)

Die Rückseite von *It Would Be So Nice* war das Gesangsdebüt von Gilmour in der Band, in einem Stil, der stark an seinen Gesang bei *Fat Old Sun* erinnert. Obwohl es nie Bestandteil der Konzerte war, wurde das Lied im Juni 1968 für die BBC aufgenommen.

Der Song ist ein frühes Beispiel für Waters' Beschäftigung mit Paranoia (*„Will the following footsteps catch me ... Am I really dying?"*). Es wird viel darüber diskutiert, ob seine geflüsterten

Worte am Ende *„Syd“*, *„Save me“* oder, was am wahrscheinlichsten ist, etwas völlig anderes bedeuten.

Point Me At The Sky
(Waters/Gilmour)

Sechs Monate nach dem Album *Saucerful* ... brachten Pink Floyd ihre letzte Single für 11 Jahre heraus (Columbia DB 8511). Obwohl *Point Me* ... nie live aufgeführt wurde, gab es einen Promo-Film dazu, in dem die Band in Flieger-Kleidung à la Biggles zu sehen war und um einen Doppeldecker herumalberte. Der Song wurde außerdem für „Tous En Scène“ gefilmt und mit einer kleinen textlichen Änderung für die BBC-Session der Band im Dezember 1968 aufgenommen. Bei der Aufnahme liefert Gilmour die Lead Vocals, dazu gesellt sich Wright, und Waters singt über *„People pushing on my side ...“*

Textlich ist dies die stärkste der fünf frühen Singles; die anscheinend schlichte Geschichte eines furchtlosen Fliegers, die bald zur Warnung vor den Gefahren eines überbevölkerten Planeten wird – vielleicht ein früher Hinweis auf das geschärfte Umweltbewusstsein, das unter erfolgreichen Pop-Stars inzwischen so weitverbreitet ist.

Careful With That Axe, Eugene
(Waters/Wright/Gilmour/Mason)

Die einzige Single aus dem Live-Programm der Band. Dieses düstere und bedrohliche Instrumentalstück erschien erstmals 1968 unter dem Titel *Murderistic Woman* (im Juni 1968 für die BBC aufgenommen) und wurde später auch *Keep Smiling People* genannt. Der Song tauchte auch unter *Beset By Creatures Of The Deep* als Teil von *The Journey* auf. Er wurde im Mai 1968 unter dem allgemein bekannten Namen für die BBC und etwa zur gleichen Zeit für *Ummagumma* aufgenommen. Eine andere Live-Version aus dem Jahr 1971 kann auf dem Video „Superstars In Concert“ (Telstar TVE 1003) gesehen und gehört werden, und eine weitere Version auf „Live At Pompeii“. Nur bei den Versionen dieses Namens wird der Titel vor dem Höhepunkt des Tracks von Waters genannt: vor seinem Schrei. Eine weitere Studio-Version, *Come In Number 51, Your Time Is Up,* wurde in dem Film „Zabriskie Point" verwendet.

Das Stück gehörte auch zu den 15 Minuten Instrumentalmusik, die Pink Floyd 1968 für einen weiteren Soundtrack, *The Committee,* aufgenommen haben, der nie veröffentlicht, aber der Presse präsentiert wurde. Auch ein Soundtrack-Album wurde angekündigt. Vielleicht verstauben der Film und die Masterbänder genauso wie *Tonite Let's All Make Love In London* irgendwo und warten darauf, dass jemand sich um die Rechte kümmert und die Sache für die wartenden Fans veröffentlicht.

Nachdem *Axe* im Oktober 1973 aus dem Live-Programm genommen wurde, kam es im Mai 1977 unerwartet als Zugabe in Oakland, Kalifornien wieder zum Vorschein.

The Division Bell

(EMI 8 28984 2; VERÖFFENTLICHT AM 30. MÄRZ 1994)
CHARTS UK: PLATZ 1; CHARTS USA: PLATZ 1

Das Album wurde am gleichen Tag veröffentlicht, an dem Pink Floyd 1994 ihre Tournee begannen. Was die meisten Käufer sofort bemerkten, war, dass jedes Format (LP, CD) ein geringfügig anderes Cover hatte, auf dem zwei riesige Köpfe abgebildet waren (entworfen und fotografiert von Storm Thorgerson) vor der Ely Kathedrale im Hintergrund. Die Köpfe waren jedes Mal unter anderen Lichtbedingungen abgebildet und aus verschiedenen Materialien angefertigt. Weitere Variationen fanden sich im Tourprogramm, im Songbook und bei Übersee-Pressungen.

Trotz der Behauptungen, dass das Album bei Jam-Sessions der drei verbliebenen Mitglieder von Pink Floyd mit Guy Pratt am Bass entstanden sei, gab es keine Credits für Mason oder Pratt. Viele der Texte wurden von Gilmour zusammen mit seiner Freundin und späteren Ehefrau, der früheren Journalistin der Sunday Times, Polly Samson geschrieben. Ein weiterer Helfer war Nick Laird-Clowes, der frühere Chef der Band The Dream Academy, deren erstes und drittes Album Gilmour produziert hatte.

Obwohl es weit von einem der üblichen Konzeptalben Pink Floyds entfernt war, behandelt *Division Bell* ein bestimmtes Thema – Kommunikationsschwierigkeiten. Der Titel stammt von der Glocke, die im britischen Unterhaus geläutet wird, um den Mitgliedern anzuzeigen, dass eine Abstimmung (*division*) bevorsteht. Der Autor Douglas Adams gab dem Album den Namen. Er erklärte: „Dave Gilmour bat mich, ein wenig mit den Texten zu arbeiten, was ich auch gemacht habe. Ich glaube aber nicht, dass er am Ende einen meiner Vorschläge verwendete. Mein einziger Vorschlag, von dem ich sicher bin, dass er benutzt wurde, ist der Album-Titel ‚The Division Bell'. Ich habe mir den Titel natürlich nicht ausgedacht. Ich habe nur darauf hingewiesen, dass die Phrase in einem der Texte vorkam und einen großartigen Namen abgeben würde. Dave hatte einige Schwierigkeiten mit dem Titel – er sollte am nächsten Morgen feststehen und niemand hatte eine Idee. Ich sagte: ‚OK, ich gebe euch einen Titel, aber ihr müsst 5.000 Pfund für den Umweltschutz spenden!' Dave meinte: ‚Sag den Titel und dann sehen wir weiter.' Also schlug ich ‚The Division Bell' vor und Dave sagte: ‚Hmmm, na ja, scheint zu passen. Passt auch zum Cover. Ja, OK!'"

Das Album wurde von Gilmour und Bob Ezrin zusammen produziert. Eine ganze Armee von Studio-Musikern wurde wieder engagiert, von denen viele schon auf den letzten Touren mitgewirkt hatten: Jon Carin, Guy Pratt, Gary Wallis und Tim Renwick. Ezrin spielte Keyboard und Percussion und Michael Kamen war wieder für die Arrangements verantwortlich. Überraschend willkommen stieß auch der Saxofonist Dick Parry wieder zu der Besetzung hinzu. Durga McBroom, gerade mit ihrer eigenen Band Blue Pearl erfolgreich, sang Background zusammen mit dem Star Sam Brown. Weiterer Backgroundgesang kam von Carol Kenyon, Jackie Sheridan und Rebecca Leigh-White.

Carin, Pratt, Wallis, Renwick, Parry, McBroom und Brown begleiteten Gilmour, Mason und Wright (der wieder ein vollwertiges Mitglied der Band war) mit einer dritten Sängerin, Claudia Fontaine, auf der Tour durch Amerika und Europa.

—

Cluster One

(Wright/Gilmour)

Die instrumentale Einleitung des Albums wurde auch bei dem langen Band benutzt, das bei Konzerten vor dem Auftritt der Band abgespielt wurde. Eine bluesige Gitarre herrscht vor, dazu Klavier mit Echo, und das Schlagzeug kommt erst gegen Ende hinzu.

What Do You Want From Me

(Musik: Gilmour/Wright
Text: Gilmour/Samson)

Eine Gitarre, die direkt von *Wish You Were Here* stammen könnte und ein exzellenter Einsatz der Backgroundsänger. Dieses für die Fans von Pink Floyd gedachte Stück hat seinen Titel von einem Streit zwischen Gilmour und Samson, wobei aber niemand sicher ist, wer die Worte gerufen hat.

Poles Apart

(Musik: Gilmour
Text: Gilmour/Samson/Laird-Clowes)

Samson hat kategorisch behauptet, dass der erste Vers dieser Gemeinschaftsarbeit über Barrett und der zweite über Waters ist. Der Gesang von Gilmour geht auf sein Solo-Werk *About Face* von 1984 zurück und ist überhaupt nicht in dem Stil, den er sonst bei Pink Floyd benutzte. Das Riff der Hammondorgel im Mittelteil ist schön, aber der Sinn der Sequenz vor der dritten Strophe bleibt unklar. Obwohl es live aufgeführt wurde, war es nur einige wenige Male zu hören.

Marooned

(Gilmour/Wright)

Ein gitarrenlastiges Instrumental, das zum Teil an den Schluss von *Comfortably Numb* erinnert. Bei der ersten Live-Aufführung während der Tour 1994 in Norwegen wurden auf die Leinwand Bilder von Walen im Meer projiziert – vielleicht ein Seitenhieb auf die Walfangpolitik des Gastgeberlandes.

A Great Day For Freedom

(MUSIK: GILMOUR
TEXT: GILMOUR/SAMSON)

Wie schon bei *Atom Heart Mother* stammt der Titel von einer Zeitungsüberschrift (das wird im Booklet noch verdeutlicht), aber die Geschichte vom Zusammenbruch der Berliner Mauer wurde bei *Berliners* von Roy Harper, wo Gilmour 1990 Gitarre spielte, viel besser erzählt.

Die Musik ist auch schwach. Entweder dies oder Gilmours Überdruss, einen Zusammenhang mit der Trennung von Waters (und dessen Berliner Konzert im Jahr 1990) zu verneinen, führten wahrscheinlich dazu, dass diese Nummer nur selten live gespielt wurde.

Wearing The Inside Out

(MUSIK: WRIGHT
TEXT: MOORE)

Wird von einem entspannten Saxofon von Parry eingeleitet. Wrights erster Versuch seit *Wish You Were Here*, alleine einen Song für die Band zu schreiben, brauchte doch beim Text Unterstützung in Gestalt von Anthony Moore, dem Veteranen von *Momentary Lapse* ... Aber seine Entfremdung von der Band nach *The Wall* wird hervorragend beschrieben. Es war eine Überraschung, Rick Wright nach so vielen Jahren wieder Solo singen zu hören, doch das Live-Publikum kam nicht in den Genuss, da diese Nummer anscheinend nie live gespielt wurde.

Gilmour singt bei einigen Strophen, bevor er den Song mit einem der besseren Gitarren-Solos des Albums beendet.

Bei zwei Strophen singen die Backgroundsänger zusammen mit Wright.

Take It Back

(MUSIK: GILMOUR/EZRIN
TEXT: GILMOUR/SAMSON/LAIR-CLOWES)

Die Anlehnung der Musik an U2, besonders die Gitarre von Edge, erregte viel Aufmerksamkeit und rief viel Kritik hervor, obwohl das Spiel von Edge, besonders bei *Silver And Gold* und *Bullet The Blue Sky* der Musik von Pink Floyd in den 70ern viel verdankt.

Als dieser Song zusammen mit einem Video von Marc Brickman, der besser als der Lichtregisseur von Pink Floyd bekannt ist, als erste Singleauskopplung (EMI 8 81278 7) des Albums veröffentlicht wurde, bekamen die Fans noch eine Überraschung dazu: Die B-Seite war eine Live-Aufnahme von *Astronomy Domine* von der ersten Show der Tour.

Coming Back To Life

(GILMOUR)

Der einzige Song auf dem Album, bei dem Gilmour den Text alleine schrieb (die wenigen Live-Darbietungen lassen aber ahnen, dass er damit nicht besonders zufrieden war), beginnt mit einer bluesigen Gitarrenpassage, auf die sein atemloser Gesang folgt. Zu Beginn der zweiten Strophe entwickelt sich ein einfacher Rhythmus, aber das Gitarren-Solo klingt gequält und der Song scheint nirgendwo hinzuführen.

Keep Talking

(MUSIK: GILMOUR/WRIGHT
TEXT: GILMOUR/SAMSON)

Der einleitende Monolog, besser als Werbespot für British Telecom bekannt, besteht aus den Worten und der Stimme des Physikers Stephen Hawking, Autor des berühmten Buchs „A Brief History Of Time“, der auf Grund einer Nervenkrankheit nur über die Sprach-Synthese eines Computers mit der Welt kommunizieren kann.

Gilmours Verwendung eines Vocoders erinnert stark an *Pigs*

(Three Different Ones), und sein Gitarrenspiel ist ziemlich typisch für *The Wall* und *The Final Cut*.

Um ihren Rekord von 14 Konzerten im Earls Court in London im Oktober 1994 zu feiern, erschien ein „Radio Edit" des Songs auf einer Single mit zwei A-Seiten mit *High Hopes*.

Lost For Words

(MUSIK: GILMOUR
TEXT: GILMOUR/SAMSON)

Gilmour hat verneint, dass sich der Text – und speziell der letzte Vers – auf seinen früheren Kollegen Roger Waters bezieht, obwohl Fans und Kritiker das Gegenteil annehmen. Das erklärt vielleicht, warum die Nummer nur bei einigen Konzerten 1994 gespielt wurde.

Die einleitenden Geräusche von Schritten, die rasselnden Ketten, das sich schließende Tor und auch die Box-Ansage nach der dritten Strophe gehören zu den letzten Überbleibseln der Musique concrète, die so viele Jahre lang ein Markenzeichen der Band gewesen ist.

High Hopes

(MUSIK: GILMOUR
TEXT: GILMOUR/SAMSON)

Gilmour hat zugegeben, dass dies, der erste Song, den er für das Album geschrieben hat, persönlicher ist als sein üblicher Stil und die Marschrichtung für das Album vorgegeben hat. Die spanischen Gitarren und Marschtrommeln zusammen mit der Orchesterbegleitung im Mittelteil klingen wie Überbleibsel von *The Wall*.

Die Glocke, die den Track beendet, ist nicht die parlamentarische Division Bell, könnte aber von einem College in Cambridge oder der Ely Kathedrale stammen, die beide, wie auch das Geburtshaus von Gilmour in Cambridge, im Promotion-Video für Storm Thorgersons Song auftauchen.

Ein „Radio Edit" von *High Hopes* wurde die zweite Single des Albums (EMI 8 81773 2) und wurde, obwohl er mit *Keep Talking* als Doppel-A-Seite präsentiert wurde, der herausragende Track: Es waren sowohl der Songtext auf dem Cover abgedruckt als auch das

Bild auf dem Cover aus dem Promo-Video zum Song. Auch die Bilder auf den sieben „Filmkarten", die einer limitierten Ausgabe beilagen, stammten aus dem Video. Die Karten waren auch bei einer 12"-Maxi aus farbigem Vinyl enthalten. Der zusätzliche Track war immer eine Live-Version von *One Of These Days.*

Das letzte, was man auf dem Album – ganz leise – hört, ist eine Aufnahme von Samsons Sohn Charlie, der ein Telefongespräch mit Steve O'Rourke, dem Manager von Pink Floyd, abrupt beendet, eine weitere Betonung des Themas der Platte – Kommunikationsschwierigkeiten. Es ist die witzige Antwort der Band auf die dauernden Bitten von O'Rourke, ein paar Töne auf einem Album von Pink Floyd spielen zu dürfen.

Pulse

(EMI CD EMD 1078; veröffentlicht am 6. Juni 1995)
Charts UK: Platz 1; Charts USA: Platz 1;
Video und VCD; veröffentlicht am 6. Juni 1995

Songs: *Shine On You Crazy Diamond; Astronomy Domine; What Do You Want From Me?; Learning To Fly; Keep Talking; Coming Back To Life; Hey You; A Great Day For Freedom; Sorrow; High Hopes; Another Brick In The Wall, Part Two; One Of These Days (nur auf MC / LP); Speak To Me; Breathe; On The Run; Time / Breathe (reprise); The Great Gig In The Sky; Money; Us And Them; Any Colour You Like; Brain Damage; Eclipse; Wish You Were Here; Comfortably Numb; Run Like Hell.*

Mit der Verpackung ihres zweiten Live-Albums in acht Jahren setzten Pink Floyd erneut Maßstäbe: Die beiden CDs wurden in einem kleinen gebundenen Buch zusammen mit einer Pappeinlage in einer luxuriösen Kassette veröffentlicht. In deren Rücken war eine eben pulsierende rote Leuchtdiode angebracht, die den Herzschlag eines gesunden Menschen von 72 Schlägen pro Minute symbolisierte. Das Hörmaterial wurde aus diversen Konzerten von August bis Oktober 1994 zusammengestellt. Neben der Ehrerbietung der verbliebenen Mitglieder von Pink Floyd an Syd Barrett mit dem Spielen von *Astronomy Domine* war die komplette Live-Inszenierung von *Dark Side Of The Moon* zum ersten Mal seit 1975 sicherlich der mit den stärksten Erinnerungen verknüpfte Moment der Shows. *One Of These Days* wurde auf der CD-Version weggelassen, während die MC zu *Pulse* über 20 Minuten der eröffnenden Sounds enthalten, die vor den Konzerten gespielt wurden. Die Vinyl-Version enthält vier Platten und ein Buch in LP-Größe. Die Video-Version stammt ausschließlich aus der Show im Earls Court zu London vom 20. Oktober 1994. Es handelt sich um eine nachbearbeitete Aufführung im Pay-TV.

1967/The First Three Singles

(EMI 8598952; VERÖFFENTLICHT AM 01. AUGUST 1997)

Songs: *Arnold Layne; Candy And A Currant Bun; See Emily Play; Scarecrow; Apple And Oranges; Paintbox.*

Auf Wunsch vieler Fans wurde diese CD in einem Cover, das die Original-Plattenhüllen zeigt, auf dem deutschen Markt veröffentlicht. Die Konzentration sollte auf die ersten drei Singles von Pink Floyd gelenkt werden, da deren Bedeutung für die Musik der späten Sechziger im Lauf der letzten Jahre immer höher eingeschätzt wurde.

Is There Anybody Out There? The Wall Live 1980/81

(LIMITIERTE DOPPEL-CD: EMI CD 5235622; VERÖFFENTLICHT AM 27. MÄRZ 2000; DOPPEL-CD: EMI CD 5240752; VERÖFFENTLICHT AM 10. APRIL 2000)
CHARTS D: PLATZ 3

Songs: *MC/Atmos; In The Flesh?; The Thin Ice; Another Brick In The Wall, Part One; The Happiest Days Of Our Lives; Another Brick In The Wall, Part Two; Mother; Goodbye Blue Sky; Empty Spaces; What Shall We Do Now?; Young Lust; One Of My Turns; Don't Leave Me Now; Another Brick In The Wall, Part Three; The Last Few Bricks; Goodbye Cruel World; MC/Atmos; Hey You; Is There Anybody Out There?;*

Nobody Home; Vera; Bring The Boys Back Home; Comfortably Numb; The Show Must Go On; In The Flesh; Run Like Hell; Waiting For The Worms; Stop; The Trial; Outside The Wall.

Passend zum zwanzigjährigen Jubiläum der ersten Aufführung von *The Wall* erschien auf zwei CDs ein Live-Dokument der legendären Show im Earls Court zu London aus dem Jahr 1980. Sein Erfolg trotz bereits veröffentlichter Spielfilm-Version bewies, dass Bedarf nach Pink Floyd-Material bestand, und unterstrich ein weiteres Mal den multimedialen Charakter des gigantischen Projekts. Die limitierte Version wurde zusammen mit einem 64-seitigen, gebundenen Buch mit vielen Fotos und Linernotes der verantwortlichen Beteiligten im Schuber veröffentlicht. Das Soundmaterial wurde komplett überarbeitet und neu gemischt. Trotz allem Perfektionismus handelt es sich nicht um einen reinen Abklatsch der Studioversion. *Comfortably Numb* oder *Run Like Hell* beispielsweise werden in ausgedehnteren Versionen gespielt. Auch die aus Platzgründen auf dem Studioalbum nicht enthaltenen Songs *What Shall We Do Now?* und *The Last Few Bricks* sind hier vorhanden.

The Last Few Bricks
(Waters)

Bei dem Song handelt es sich um ein instrumentales Medley musikalisch bekannter Themen aus *The Wall*. Seine Länge hing als vorletztes Stück des ersten Teils der Show jeweils davon ab, wie viel Zeit zum Bau der Mauer auf der Bühne noch benötigt wurde.

Echoes – The Best Of Pink Floyd

(Doppel-CD: EMI 724353611125; 4 LP: AEMI 36111; veröffentlicht am 05. November 2001)
Charts D: 2

Songs: *Astronomy Domine; See Emily Play; The Happiest Days Of Our Lives; Another Brick In The Wall Part 2; Echoes; Hey You; Marooned; The Great Gig In The Sky; Set The Controls For The Heart Of The Sun; Money; Keep Talking; Sheep; Sorrow; Shine On You Crazy*

Diamond (Parts 1–7); Time; The Fletcher Memorial Home; Comfortably Numb; When The Tigers Broke Free; One Of These Days; Us And Them; Learning To Fly; Arnold Layne; Wish You Were Here; Jugband Blues; High Hopes; Bike.

Echoes ist die erste *Best Of*-Compilation von Pink Floyd, die daraufhin konzipiert wurde, einen künstlerischen Gesamteindruck über das Schaffen der Musiker zu bieten. So wurden die Songs geschmackvoll ineinander gemischt, um eine interessante Perspektive zu ermöglichen. Kürzungen, wie bei dem überlangen Song *Echoes* dienten dazu, Raum für andere Titel zu schaffen und damit ein möglichst breites Spektrum abzudecken.

The Dark Side Of The Moon

(DVD ISRC GB-C25-03-0011-1; VERÖFFENTLICHT AM 25. AUGUST 2003)

30 Jahre nach der Veröffentlichung ihres ersten Klassikers führte diese umfangreiche Dokumentation aus der Classic Rock-Reihe zu den wichtigsten Alben der Rockgeschichte die Pink Floyd-Mitglieder zumindest scheinbar erneut zusammen. Nachdem Waters, Gilmour und Wright die Vorgeschichte zu *Dark Side Of The Moon* erzählt haben, spielen und kommentieren sie jeweils einzelne Passagen aus dem Album. Waters erläutert noch einmal genau seine Philosophie und das textliche Konzept. Die DVD beinhaltet aber nicht nur exklusive Interviews mit jedem der vier Pink Floyd-Musiker. Auch Toningenieur Alan Parsons und Storm Thorgerson kommen zu Wort und berichten von den Arbeiten im Studio beziehungsweise am Cover.

Sampler (Übersee)

Einige der vielen Sampler, die weltweit auf den Markt kamen, sind von besonderem Interesse, weil sie den Fans die Möglichkeit bieten, seltene Aufnahmen in die Hand zu bekommen, ohne Unsummen für die originalen Singles zu bezahlen. Die CDs bieten natürlich auch eine bessere Klangqualität.

Masters Of Rock Vol. 1

(HARVEST 1 C 054-04 299; VERÖFFENTLICHT 1974)

Songs: *Chapter 24; Mathilda Mother (sic); Arnold Layne; Candy And A Currant Bun; Scarecrow; Apples And Oranges; It Would Be So Nice; Paint Box; Julia Dream; See Emily Play.*

Eine inzwischen vergriffene LP, die ursprünglich 1970 als *The Best Of Pink Floyd* auf den Markt kam und auf dem Cover das Gruppenbild von *Meddle* zeigt. Diese Version wurde später in Deutschland, Italien und den angrenzenden Ländern (und natürlich massenhaft nach England importiert) in einem ähnlichen Cover mit goldener Schrift veröffentlicht. Beide Ausgaben sind sehr gefragt, da man hier einige der frühen Singles findet, die nur in der Box *Shine On* wieder auftauchten. Weitere Ausgaben der Serie „Masters Of Rock“ beschäftigen sich mit anderen Bands.

Works

(CAPITOL CDP 7 46478 2; URSPRÜNGLICH CAPITOL ST 12276; VERÖFFENTLICHT CA. 1983)

Songs: *One Of These Days; Arnold Layne; Fearless; Brain Damage / Eclipse; Set The Controls For The Heart Of The Sun; See Emily Play; Several Species Of Small Furry Animals Gathered Together In A Cave And Grooving With A Pict; Free Four; Embryo.*

Nur in den USA veröffentlicht, aber in England als Import erhältlich. Diese Sammlung von „Hits“ geht nur bis zu *Dark Side* ... Danach sind Pink Floyd in Amerika zu Columbia gewechselt. Bemerkenswert das Auftauchen von *Embryo* und einiger unterschiedlicher Mixe, besonders *Brain Damage* und *Eclipse*, die von quadrofonischen Masterbändern stammen.

A CD Full Of Secrets

(Westwood one VOL. 10; veröffentlicht ca. 1992)

Songs: *Candy And A Currant Bun; See Emily Play; Flaming (US-Singleversion); Apples And Oranges; Paintbox; It Would Be So Nice; Julia Dream; Point Me At The Sky; Heartbeat; Pigmeat; Crumbling Land; Come In Number 51, Your Time Is Up; Biding My Time; Money (Dance-Version von 1981); When The Tigers Broke Free; Not Now John (Obscured Version); Terminal Frost (DYOL-Mix); Run Like Hell (live).*

Nur für Radiosender in Amerika veröffentlicht. Hier finden wir die meisten nicht auf Alben befindlichen Singles (außer *Arnold Layne*, der längeren Version von *The Hero's Return* und einigen Live-Aufnahmen). Man beachte die einzige CD-Version der US-Single *Flaming* und die „entschärfte“ Single-Version von *Not Now John*. Ist auch als Bootleg von einer Firma auf den Markt gebracht worden, die angeblich ihren Sitz in Luxemburg hat.

Die Dance-Version von *Money* ist die von *Great Dance Songs*. Die Live-Version von *Run Like Hell* stammt von der Single *On The Turning Away*.

Solo-Projekte

Wie ihre Kollegen in Bands von ähnlichem Status haben auch die Mitglieder und Ex-Mitglieder von Pink Floyd Solo-Platten veröffentlicht. Im Fall von David Gilmour, Nick Mason und Rick Wright haben sie damit entweder die Zeit (und das Steuerexil) zwischen Bandprojekten überbrückt oder anderweitig Musik veröffentlicht, die nicht zum Sound von Pink Floyd gepasst hätte. Die Solo-Projekte von Syd Barrett (unter Beteiligung seiner ehemaligen Bandkollegen) und später auch Roger Waters geben uns jedoch eine Vorstellung von den anderen „Pink Floyds", die existiert haben könnten, wenn das Schicksal es anders gewollt hätte.

Syd Barrett

The Madcap Laughs

(Harvest 8 28906 2; ursprünglich Harvest SHVL 765;
früher Harvest CDP 7 46607 2;
veröffentlicht im Januar 1970)

Songs: *Terrapin; No Good Trying; Love You; No Man's Land; Dark Globe; Here I Go; Octopus; Golden Hair; Long Gone; She Took A Long Cold Look; Feel; If It's In You; Late Night.*

Bonus-Tracks: *Octopus (Takes 1 & 2); It's No Good Trying (Take 5); Love You (Take 1); Love You (Take 3); She Took A Long Cold Look At Me (Take 4); Golden Hair (Take 5).*

Je nach Song von Dave Gilmour und Roger Waters, Malcolm Jones, Dave Gilmour und Syd Barrett und von Peter Jenner produziert. Nur die neueste Ausgabe der CD enthält die Bonus-Tracks.

„Golden Hair" ist ein Gedicht von James Joyce, das Barrett vertont hat; es war die B-Seite von *Octopus*, der einzigen Single von Barrett (Harvest HAR 5009).

Barrett

(Harvest 8 28907 2; ursprünglich Harvest SHSP 4007; früher Harvest CDP 7 466606 2; veröffentlicht im November 1970)

Songs: *Baby Lemonade; Love Song; Dominoes; It Is Obvious; Rats; Maisie; Gigolo Aunt; Waving My Arms In The Air / I Never Lied To You; Wined And Dined; Wolfpack; Effervescing Elephant.*

Bonus-Tracks: *Baby Lemonade (Take 1); Waving My Arms In The Air (Take 1); I Never Lied To You (Take 1); Love Song (Take 1); Dominoes (Take 1); Dominoes (Take 2); It Is Obvious (Take 2).*

Produziert von Dave Gilmour. Nur die aktuelle Ausgabe der CD enthält die Bonus-Tracks. Bei früheren Ausgaben wird Richard Wright als Co-Produzent angeführt. Die ersten beiden Solo-Alben von Syd Barrett waren zusammen als Doppel-LP (nur auf Vinyl) unter dem Titel *Syd Barrett* (Harvest SHDW404) erhältlich.

The Peel Session Strange Fruit

(Strange Fruit SFPSCD 043; veröffentlicht im Februar 1988)

Songs: *Terrapin; Gigolo Aunt; Effervescing Elephant; Two Of A Kind; Baby Lemonade.*

Für die Radiosendung „Top Gear" der BBC (Radio One) am 18. Mai 1970 (DJ John Peel) mit Jerry Shirley (drums) und David Gilmour (bass) aufgenommen. Produziert von John Walters. Obwohl es Syd zugeschrieben wird, halten viele Fans *Two Of A Kind* für eine Komposition von Rick Wright. Barrett nahm im März 1971 für die BBC auch drei Songs – *Baby Lemonade, Domino* und *Love Song* – auf, die erst im Jahr 2003 gefunden wurden. Eine neue CD-Version mit diesen zusätzlichen Titeln erschien am 11.02. 2004 bei Strange Fruit unter der Nummer SFPS 127.

Opel

(HARVEST 8 28908 2; FRÜHER HARVEST CDP 7 91206 2; VERÖFFENTLICHT AM 17. OKTOBER 1988)

Songs: *Opel; Clowns & Jugglers (Octopus); Rats; Golden Hair; Dolly Rocker; Word Song; Wined And Dined; Swan Lee (Silas Lang); Birdie Hop; Let's Split; Lanky (Part 1); Wouldn't You Miss Me (Dark Globe); Milky Way; Golden Hair (instrumental).*

Bonus-Tracks: *Gigolo Aunt (Take 9); It Is Obvious (Take 3); It Is Obvious (Take5); Clowns & Jugglers (Take 1); Late Night (Take 2); Effervescing Elephant (Take 2).*

Zusammenstellung von Demos, alternativen Takes und unveröffentlichtem Material von den ersten beiden Alben mit unterschiedlichen Produzenten. Nur die neueste Ausgabe der CD enthält die Bonus-Tracks.

Crazy Diamond
The Complete Syd Barrett

(HARVEST CDS 7 81412 2; VERÖFFENTLICHT AM 26. APRIL 1993)

Diese Box mit drei CDs enthält *The Madcap Laughs, Barrett* und *Opel,* alle mit Bonus-Tracks, dazu ein 24-seitiges Booklet. Die umfangreicheren CDs wurden später, wie oben schon angeführt, einzeln veröffentlicht.

Syd Barrett's First Trip

(VEX FILMS; 2001; DVD)

Hier deutet schon der Titel auf den Inhalt hin: Die DVD weist eine Spielzeit von nur ca. 11 Minuten auf und wurde von Nigel Lesmoire-Gordon auf Super 8 aufgenommen. Sie zeigt vornehmlich Barrett, aber auch in kurzen Passagen Pink Floyd nach der Unterzeichnung ihres ersten Plattendeals. Nachdem die Musiker

Drogen zu sich genommen haben, sind sie zusammen mit Lucifer Sam (Syds Katze) und in der Natur zu sehen.

Wouldn't You Miss Me – The Best

(EMI CD; VERÖFFENTLICHT AM 19.04.2001)

Die Compilation umfasst 22 Tracks, die alle digital remastered wurden. Erstmalig ist hier der *Bob Dylan Blues* zu hören, der bei einer Studio-Session entstand.

Die zahlreichen Veröffentlichungen von Barrett zeigen das große Interesse an dem Künstler, das in den letzen Jahren stetig zugenommen hat. Musiker von vielen Genres, z. B. Neo-Psychedelia oder Noise-Pop, zitieren ihn als Vorbild. Seine Musik hat in einem nicht zu unterschätzenden Maße die Klangvorstellungen und Hörgewohnheiten in den vergangenen 30 Jahren beeinflusst. Experimentelle Ansätze, sich immer wieder auflösende Disharmonien, die Chromatik in der Rockmusik – ohne Barrett würde vieles anders klingen. Auch die nachträgliche Wortschöpfung Freakbeat, die als Stilbezeichnung für Songs angewendet wird, die sich im Übergang von Beat hin zu Psychedelia befanden, lässt sich auf den Musiker zurückführen, da seine ersten für Pink Floyd komponierten Songs oft als Beispiel zitiert werden.

David Gilmour

Untitled

(unter dem Bandnamen Jokers Wild, nicht nummerierte Privatpressung, veröffentlicht ca. 1965)

Songs: *Why Do Fools Fall In Love; Walk Like A Man; Don't Ask Me (What I Say); Big Girls Don't Cry; Beautiful Delilah.*

Bevor er zu Pink Floyd ging, nahm David Gilmour mit seiner Band Jokers Wild ein einseitig bespieltes Album mit fünf Titeln auf. Für die Familien und Freunde wurden nur 40 oder 50 Stück gepresst. Alle Songs sind Soul-Standards, und zwei davon, *Don't Ask Me* und *Why Do Fools Fall In Love*, kamen auf eine 7"-Single, die auch nur in so geringer Stückzahl angefertigt wurde. 1994 wurde ein Exemplar für über 800 Pfund verkauft, aber die Leser dieses Buchs können diese Ausgabe vermeiden, wenn sie das National Sound Archive in London besuchen, wo man eine Tonbandaufnahme des Albums hören kann, wenn man nach der Archivnummer „C-625 / 1" fragt.

David Gilmour

(Harvest SHVL 817 Vinyl UK; Columbia CK 35388 CD USA; veröffentlicht am 25. Mai 1978)

Songs: *Mihalis; There's No Way Out Of Here; Cry From The Street; So Far Away; Short And Sweet; Raise My Rent; No Way; Definitely; I Can't Breathe Anymore.*

1978, als Waters Demos für *The Wall* und *The Pros And Cons Of Hitch Hiking* vorbereitete, arbeitete Gilmour mit Rick Wills und Willie Wilson an seinem ersten richtigen Solo-Album, dem Bassisten und dem Schlagzeuger, mit denen er durch Frankreich getourt war, bevor er zu Pink Floyd ging. Das Trio kehrte für die von Gilmour produzierten Aufnahmen, die in den Superbear Studios gemacht wurden, nach Frankreich zurück.

B.B. King

Die einzige Single aus dem Album, eine Bearbeitung von *There's No Way Out Of Here*, erschien ursprünglich auf dem Album *Too Many Crooks* der Band Unicorn als *No Way Out Of Here. Short And Sweet* war mit Roy Harper für seine LP *Unknown Soldier* geschrieben worden, auf der Gilmour mitwirkte.

About Face

(Harvest CDP 7 46031 2; ursprünglich Harvest SHSP 24-0079-1; veröffentlicht am 5. März 1984)

Songs: *Until We Sleep; Murder; Love On The Air; Blue Light; Out Of The Blue; All Lovers Are Deranged; You Know I'm Right; Cruise; Let's Get Metaphysical; Near The End.*

About Face, produziert von Bob Ezrin und Gilmour, war dessen Antwort auf die Zustände bei der Arbeit mit Pink Floyd nach *The Final Cut*. Obwohl Pete Townshend die Texte zu *Love On The Air* und *All Lovers Are Deranged* beisteuerte, schrieb Gilmour alles andere und seine Songs entsprachen den Erwartungen; das machte es schwer zu verstehen, warum er auf späteren Alben von Floyd so viel Hilfe benötigte. Er stellte eine Band für eine Tour mit ca. Siebzig Auftritten durch Europa und Amerika zusammen, aber die Zuschauerzahlen waren nicht so gewaltig wie bei Pink Floyd.

Blue Light wurde als 7"- und 12"-Single, jeweils mit *Cruise* auf der Rückseite auf den Markt gebracht (Harvest HAR 5226). In Amerika gab es eine andere 12"-Single mit vokalen und instrumentalen Remixes von François Kevorkian und Frank Filipetti (Columbia 44-04983). Diese wurde nur in England als Promo für DJs veröffentlicht (DG1).

Der Nachfolger mit *Love On The Air* und *Let's Get Metaphysical* kam als 7" und als Picture Disc auf den Markt. Die Picture Disc hatte die Form eines alten Röhrenradios und zeigte auf der Rückseite ein Bild von David Gilmour (HAR 5229).

David Gilmour In Concert

(DVD: EMI 724349295896;
in Europa veröffentlicht am 21. Oktober 2002)

Im Juni 2001 gab David Gilmour im Rahmen des von Robert Wyatt ins Leben gerufenen Meltdown Festivals ein umjubeltes Konzert in der Londoner Royal Festival Hall. Unterstützt wurde er vom mittlerweile verstorbenen Michael Kamen, Dick Parry, Sam Brown u.a. Statt einer Rockband-Besetzung oder aufwändigen Lichteffekten standen klassische Instrumente, wie ein Konzertflügel oder ein Cello im Mittelpunkt. So fügte der Gitarrist Klassikern wie *Shine On You Crazy Diamond* oder *Comfortably Numb* eine ganz neue Hörkomponente hinzu. Große Überraschungen in der Setlist stellten Syd Barretts *Terrapin* sowie ein auf zwei Akustikgitarren gespielter neuer Gilmour-Song namens *Smile* dar. Auf Grund des Erfolgs wurde die Veranstaltung im Januar 2002 für drei Shows in London und zwei Aufführungen in Paris wiederholt. Dabei kam es zu besonderen Momenten, als Gilmour den Syd Barrett-Song *Dominoes* anstimmte und Rick Wright für eine Aufführung seines eigenen Solo-Songs *Breakthrough* zu den Musikern hinzu stieß. Sie sind als Bonusmaterial auf der DVD enthalten.

Fictitious Sports

(HARVEST SHSP 4116 VINYL UK; SONY WK75070 CD USA; VERÖFFENTLICHT IM MAI 1981)

Songs: *Can't Get My Motor To Start; I Was Wrong; Siam; Hot River; Boo To You Too; Do Ya?; Wervin'; I'm A Mineralist.*

Die erste Solo-Arbeit von Mason, die 1981 veröffentlicht wurde, war eine Zusammenarbeit mit der Jazzmusikerin Carla Bley; sie produzierte das Album zusammen mit Mason und benutzte ihre Band und ihr Studio „Grog Kill" in New York. Das Album hat sicherlich mehr mit ihrer Arbeit gemeinsam als mit Pink Floyd, auch wenn *Hot River*, bei dem Chris Spedding die Gitarre von Gilmour imitiert und Robert Wyatt singt, wie Pink Floyd klingt.

Profiles

MIT RICK FENN

(HARVEST MAF 1 VINYL UK; SONY A40142 CD USA; VERÖFFENTLICHT AM 19. AUGUST 1985)

Songs: *Malta; Lie For A Lie; Rhoda; Profiles Part 1 & 2; Israel; And The Adress; Mumbo Jumbo; Zip Code; Black Ice; At The End Of The Day; Profiles Part 3.*

Profiles ist eine Gemeinschaftsarbeit mit Rick Fenn, dem ehemaligen Gitarristen von 10CC und der Band von Mike Oldfield. Mason und Fenn schrieben die Musik zusammen und produzierten das Album in ihren eigenen Studios Britannia Row und The Basement. Die Texte zu den einzigen gesungenen Liedern der Platte – *Lie For A Lie* und *Israel* – stammen von Danny Peyronel, der das letztere auch sang, den einzigen Track, den Mason nicht mitkomponiert hat.

Weitere Unterstützung kam von Mel Collins (sax), Craig Pruess (Emulator-Bass bei *Malta*), Danny Peyronel (Gesang bei *Israel*) und

Fenns fünf Jahre alter Tochter Aja (Keyboard-Intro bei *Malta*). *Lie For A Lie*, mit Gesang von Maggie Reilly und David Gilmour, wurde als Single mit *And The Adress* auf der Rückseite veröffentlicht (Harvest HAR 5238).

Der Titelsong stammt aus dem Soundtrack zu einem biografischen Film über Mason mit dem Titel „Life Could Be A Dream", der nur in geringer Stückzahl auf den Markt kam. Zu dem Soundtrack gehörte auch eine Coverversion von *Sh'Boom* der Crew Cuts mit Eric Stewart von 10CC am Gesang, die leider nicht auf dem Album zu hören ist.

Music From The Body

MIT RON GEESIN
(HARVEST CDP 7 92548 2; URSPRÜNGLICH HARVEST SHSP 4008; VERÖFFENTLICHT CA. 1970; WARNER BROTHERS PES 38196 VIDEO)

Songs: *Our Song (Waters/Geesin); Sea Shell And Stone (Waters); Red Stuff Writhe; A Gentle Breeze Blew Through Life; Lick Your Partners; Bridge Passage For Three Plastic Teeth; Chain Of Life (Waters); The Womb Bit (Waters/Geesin); Embryo Thought; March Past Of The Embryos; More Than Seven Dwarfs In Penis-Land; Dance Of The Red Corpuscles; Body Transport (Waters/Geesin); Hand Dance – Full Evening Dress; Breathe (Waters); Old Folks Ascension; Bedtime – Dream – Clime; Piddle In Perspex; Embryonic Womb-Walk; Mrs. Throat Goes Walking; Sea Shell And Soft Stone (Waters/Geesin); Give Birth To A Smile (Waters).*

The Body war eine (für die damalige Zeit) innovative medizinische Dokumentation unter der Leitung von Roy Battersby, in der Waters eine Szene erzählte. Die Musik aus dem Film – von Geesin soweit nicht anders angeführt – wurde für das „Soundtrack"-Album von den beiden produzierenden Musikern neu aufgenommen.

Bei *Give Birth To A Smile* wird Waters von Gilmour, Wright und Mason unterstützt. Obwohl Waters und Geesin gleichberechtigt als Schöpfer des Albums genannt werden, ist es höchst unwahrscheinlich, dass man es in den Plattenläden überwiegend unter „G" findet. Das Album gehört zu den am schwierigsten zugänglichen Arbeiten eines Mitglieds von Pink Floyd und wird allgemein der Avantgarde zugerechnet.

The Pros And Cons Of Hitch Hiking

(HARVEST CDP 7 46029 2; URSPRÜNGLICH HARVEST SHVL 24 0105 1; VERÖFFENTLICHT AM 8. MAI 1984)

Songs: *4.30 am (Apparently They Were Travelling Abroad); 4.33 am (Running Shoes); 4.37 am (Arabs With Knives And West German Skies); 4.39 am (For The First Time Today Part 2); 4.41 am (Sexual Revolution); 4.47 am (The Remains Of Our Love); 4.50 am (Go Fishing); 4.56 am (For The First Time Today Part 1); 4.58 am (Dunroamin, Duncarind, Dunlivin); 5.01 am (The Pros And Cons Of Hitch Hiking); 5.06 am (Every Stranger's Eyes); 5.11 am (The Moment Of Clarity).*

Waters' erstes Solo-Album entstand aus dem Demo einer anderen Idee, die der Band zur gleichen Zeit wie *The Wall* angeboten wurde, allerdings als „zu persönlich" abgelehnt wurde. Alle Tracks waren mit Zeitangaben betitelt und standen für die verschiedenen Traumphasen des Erzählers im Lauf einer Nacht; dazu zählte auch die Mitnahme eines Trampers, ein Treffen mit Yoko Ono, eine Affäre in einem deutschen Hotel, ein Angriff durch Terroristen, Rückzug aufs Land, von seiner Frau verlassen werden und schließlich aufwachen und feststellen, dass seine Frau an seiner Seite liegt und alles in Ordnung ist. Das Cover von Gerald Scarfe zeigte eine bekannte Porno-Darstellerin und zog damit Sexismus-Vorwürfe nach sich.

Das Album wurde eingespielt mit Andy Bown (wie bei den *Wall*-Konzerten; Keyboards und Gitarren), Ray Cooper (Percussion), Michael Kamen (Piano, Orchester-Arrangements und Co-Produktion mit Waters), Andy Newmark (Drums), David Sanborn (Sax), mit den Backgroundsängerinnen Madeline Bell, Katie Kissoon und Doreen Chanter, dazu kamen Bläser wie Raf Ravenscroft und andere. Einige Schauspieler hatten dabei Sprechrollen. Doch das bei weitem bemerkenswerteste Ensemblemitglied war Eric Clapton. Auf die Frage eine DJs nach Claptons Beitrag zum Album antwortete Waters sarkastisch: „Er hat Gitarre gespielt!" Leicht untertrieben, denn Claptons Spiel wird allgemein für sein Bestes über viele Jahre gehalten, auch weil er nicht mehr die Last hatte, eine Band zu führen. Er spielt herrlich emotionale Blues-Passagen, darunter auch einige Dobro-Stellen.

Waters ging mit Clapton, Kamen, Newmark, Kissoon und Chanter auf Tour, dazu noch Tim Renwick (später mit Pink Floyd auf Tournee) und Mel Collins. Nach etwa 20 Auftritten wurde Clapton durch Andy Fairweather-Low und Jay Stapley ersetzt. Das Album kam mit Filmprojektionen auf die Bühne (mit neuer Animation durch Scarfe), es gab ein kostümiertes Backgroundteam und Puppen. Das Publikum hatte die Gelegenheit zu hören, wie Clapton einige Floyd-Klassiker spielte, darunter *Money*, die drei kurzen Songs aus *Wish You Were Here*, *In The Flesh*, *Hey You* und *Brain Damage / Eclipse*.

5.01 am (The Pros And Cons Of Hitch Hiking) wurde zur ersten Single des Albums (Harvest HAR 5228) mit *4.30 am (Apparently They Were Travelling Abroad)* auf der Rückseite. Die 12"-Version (Harvest 12 HAR 5228) enthielt auch *4.33 am (Running Shoes)* sowie eine Extended Version von *5.01 am (The Pros And Cons Of Hitch Hiking)* mit einem alternativen Gitarren-Solo von Eric Clapton und einem extra Sax.

Die zweite Single *5.06 am (Every Stranger's Eyes)* (Harvest HAR 5230) mit *4.39 am (For The First Time ...)* auf der Rückseite war sehr schwierig zu bekommen und ist bei Sammlern sehr begehrt.

When The Wind Blows

(Virgin CDV2406 CD; veröffentlicht im Oktober 1986; CBS Fox 5156 Video)

Songs: *The Russian Missile; Towers Of Faith; Hilda's Dream; The American Bomber; The Anderson Shelter; The British Submarine; The Attack; The Fall Out; Hilda's Hair; Folded Flags.*

Waters schrieb und produzierte die Vorlage zu dieser animierten Film-Version von Raymond Briggs' anschaulicher Novelle. Regie führte Jimmy T. Murakami. Die erste Hälfte des Albums stammt von anderen Künstlern.

Alles außer *Towers Of Faith* und *Folded Flags* ist instrumental (auf der CD als ein Track angegeben). *Towers Of Faith* ist ein Duett mit Clare Torry und im Film nicht zu hören, es sollte im Saal gespielt werden, wenn das Licht runtergedimmt wurde. *Folded Flags* ist ein Duett von Waters mit Paul Carrack. Die Aufnahme-Credits des Albums lauten „Roger Waters And The Bleeding Heart Band", zu der Jay Stapley und Mel Collins, dazu die neuen Köpfe Matt Irving und Nick Glennie Smith (beide Keyboards), John Linwood (Programming), Freddie Krc (Drums) und John Gordon (Bass) gehörten.

Radio K.A.O.S.

(EMI CDP 7 46865 2; ursprünglich Harvest KAOS 1; veröffentlicht am 15. Juni 1987)

Songs: *Radio Waves; Who Needs Information; Me Or Him; The Powers That Be; Sunset Strip; Home; Four Minutes; The Tide Is Turning (After Live Aid).*

Radio K.A.O.S. hatte einen wesentlich moderneren Sound (von Waters bedauert), ist aber immer noch ein starkes Album. Seine komplizierte Handlung verlangte nach einer Erklärung im Plattentext. Es ging um die unwahrscheinliche Geschichte von Billy, einem telepathischen Querschnittsgelähmten, der in der Lage ist, über Telefon und Computer zu kommunizieren. Schließlich simuliert Billy einen Nuklear-Krieg, um durch diesen Schock die Welt zum Abrüsten zu bewegen. Waters' Geschichte beinhaltet auch Angriffe auf die Marktkräfte und auf die Art und Weise, in der die Tatsache „Information ist Macht" so vielen Menschen ihre Rechte aberkennt. Trotzdem endet das Album positiv mit einem Beitrag, der – wie der Untertitel verdeutlicht – am Tag nach den Live Aids-Konzerten geschrieben wurde, um Waters' Hoffnungen für die Zukunft auszudrücken.

Das Album wurde mit dem Keyboarder Ian Ritchie (und Nick Griffiths bei zwei Songs) co-produziert und durch eine Mannschaft aus Fairweather-Low, Collins, Jay Stapley und Graham Broad (Drums) mit vielen anderen aufgenommen, die Vocals stammten zum Beispiel von Paul Carrack, Clare Torry, Vicky Brown und dem Pontarddulais Männerchor. *The Powers That Be* wurde größtenteils vom Line-up der Aufnahme von *When The Wind Blows* aufgeführt und weicht so von seinem Vorgänger ab. Zwischen den Tracks gab es Unterhaltungen zwischen Billys Stimme (mittels BBC Micro Computer) und DJ Jim Ladd. In Amerika gab es für die Radiostationen eine Promo-LP, von welcher der größte Teil des Dialogs zwischen Jim Ladd und Billy entfernt worden war.

Die erste Single *Radio Waves* (7"-Version) (EMI EM 6) hatte auf der Rückseite *Going To Live In LA*, ein Demo eines Songs, der nicht auf

Radio K.A.O.S. verwendet wurde. Die 12"- und CD-Singles brachten einen zusätzlichen Remix von *Radio Waves*. Die zweite Single *The Tide Is Turning* (EMI EM 37) rühmte sich mit einer „Live"-Version von *Money*. In Wirklichkeit war es eine Home Studio-Aufnahme mit drübergelegtem Publikum – Waters' sarkastischer Kommentar zum andauernden Erfolg seiner früheren Band. Die 12"- und CD-Versionen enthielten auch *Get Back Into Radio*, ein weiteres nicht auf *Radio K.A.O.S.* verwendetes Demo. Auch *Molly's Song* stammt nicht vom Album und wurde auf der US-Single *Who Needs Information* (Columbia 38-07617) gebracht, nachdem es als Teil der *K.A.O.S.*-Konzerte aufgeführt wurde.

Waters ließ auf das Album eine Video-EP folgen (Regie: Willie Smax) mit Promo-Clips zu *Radio Waves, Sunset Strip, Four Minutes* und *The Tide Is Turning*. Die letzte Neuauflage (Music Club MC 2128) verzichtete auf die Erläuterungen des Originals.

Sowohl Carrack (Keyboards und Gesang) als auch Ladd ergänzten die Band zusammen mit Chanter und Kissoon auf einer Promotion-Tour für das Album. Die Shows mit Einsprengseln aus weiterem *K.A.O.S.*- Material und Pink Flyod-Songs wurden als Radioshow präsentiert. Dabei spielte die Band Songs, die von einem DJ vorgestellt wurden. In der Pause konnten Fans von einer Kabine in der Halle aus „anrufen" und Waters interviewen. Manchmal spielte Waters in irgendeiner amerikanischen Stadt, während Pink Floyd teilweise die gleichen Songs in einer anderen zu Gehör brachten. Das angekündigte Live-Album der Tour wurde nie verwirklicht.

The Wall Live In Berlin

(Mercury 846 611 2; veröffentlicht am 17. September 1990; Video: Polygram Music Video 082 648-3; DVD veröffentlicht am 28. April 2003)

Songs: *In The Flesh?; The Thin Ice; Another Brick In The Wall (Part 1); The Happiest Days Of Our Lives; Another Brick In The Wall (Part 2); Mother; Goodbye Blue Sky; Empty Spaces; Young Lust; One Of My Turns; Don't Leave Me Now; Another Brick In The Wall (Part 3); Goodbye Cruel World; Hey You; Is There Anybody Out There?;*

Nobody Home; Vera; Bring The Boys Back Home; Comfortably Numb; In The Flesh; Run Like Hell; Waiting For The Worms; Stop; The Trial; The Tide Is Turning.

Am 21. Juli 1990 erfüllte Waters sein Versprechen, *The Wall* in Berlin aufzuführen, falls die echte Berliner Mauer jemals fallen sollte. Das bedeutete, dass er seine Arbeit an der neuen Oper namens *Ça Ira* (anlässlich des 200jährigen Jahrestags des Sturms auf die Bastille) unterbrechen musste. Auf Einladung des französischen Autors Etienne Roda-Gil, von dem das Libretto stammte, komponierte Waters die Musik für Orchester und Sänger. Die Veranstalter der Feierlichkeiten schreckten jedoch vor den Kosten zurück, und das Projekt blieb damals ohne Aufführung und ohne Aufnahme (Stand: 1994). (Inzwischen gab es vereinzelte auszugsweise Aufführungen; Anm. d. Red.)

Das *Wall*-Konzert fand am Potsdamer Platz statt, kurz vorher noch ein vermintes Niemandsland, doch zuvor das Herz des alten Berlin. Mit dem Konzert sollte Geld für die Katastrophenhilfe gesammelt werden, für eine wohltätige Organisation, die von Leonard Cheshire, einem Veteranen des Zweiten Weltkriegs, gegründet wurde: Für jedes Leben, das in Kriegen des 20. Jahrhunderts verlorenging, sollten 5 Pfund für Hilfsprogramme aufgebracht werden. Zu Waters gesellte sich eine eindrucksvolle Schar prominenter Persönlichkeiten: Bryan Adams, The Band (Levon Helm, Rick Danko und Garth Hudson), Paul Carrack, Tim Curry, Thomas Dolby, Marianne Faithfull, Albert Finney, James Galway, Jerry Hall, The Hooters, Cyndi Lauper, Ute Lemper, Joni Mitchell, Paddy Moloney, Van Morrison, Sinead O'Connor, die Scorpions, außerdem das Militärorchester der Sowjetarmee sowie Orchester und Chor des Ostberliner Rundfunks. Alles wurde von Michael Kamen orchestriert und dirigiert.

Entgegen der Ankündigung wurde *Empty Spaces* nicht aufgeführt; stattdessen entschied sich Waters, an dieser Stelle *What Shall We Do Now?* zu singen, wie auch bei den originalen *Wall*-Konzerten. Um zu einem positiven Ende zu gelangen, tauschte Waters *The Tide Is Turning* mit *Outside The Wall*.

Aus dem Album gingen zwei Singles hervor: *Another Brick In The Wall (Part 2)* (Mercury MER 332) und das recht seltene *The Tide*

Is Turning (MER 336). Beide waren überarbeitet, zu den 12"- und CD-Formaten kamen die Album-Versionen hinzu. *Another Brick ...* rühmte sich auch mit einer Live-Version von *Run Like Hell* auf der 7" und einem untypischen, im Studio überarbeiteten *Potsdamer Mix* davon auf dem anderen Material. *The Tide Is Turning* hatte auf der Rückseite *Nobody Home* aus dem gleichen Konzert.

Zusammen mit Pink Floyds Film „The Wall" war das Video auch als „2 in 1"-Pack erhältlich (Polygram Video 087 730 3).

Obwohl das Konzert ein Riesen-Spektakel war und alle Gewinne für den wohltätigen Zweck weitergeleitet wurden, blieben die daraus entstehende Aufnahme (das einzige Album aus Waters' kurzer Zusammenarbeit mit Mercury) sowie das Video enttäuschend. Mittlerweile gibt es das TV-Ereignis neu abgemischt mitsamt einer Dokumentation als DVD, auf der technische Pannen bei der Übertragung, wie Tonausfälle beseitigt wurden.

Amused To Death

(Columbia COL 4 68761 2; veröffentlicht am 7. September 1992)

Songs: *The Ballad Of Bill Hubbard; What God Wants, Part 1; Perfect Sense, Part 1; Perfect Sense, Part 2; The Bravery Of Being Out Of Range; Late Home Tonight, Part 1; Late Home Tonight, Part 2; Too Much Rope; What God Wants, Part 2; What God Wants, Part 3; Watching TV; Three Wishes; It's A Miracle; Amused To Death.*

Waters arbeitete mindestens fünf Jahre lang immer wieder mal an diesem Album. Ursprünglich sollte es eine Fortsetzung der Story von *Radio K.A.O.S.* sein. Anfang 1989 gab EMI bekannt, dass eine geplante Veröffentlichung geplatzt war, und betonte, das läge daran, dass Waters selbst damit unzufrieden sei. Für „Anfang 1990" versprach man eine neue Veröffentlichung. Schließlich wurde das Album bei Columbia herausgebracht.

Die Handlung war noch mal komplizierter als bei *Radio K.A.O.S.* und hätte eigens ein dickes Buch zur Erläuterung erforderlich gemacht: Doch es gab überhaupt keine abgedruckten Erklärungen dazu, und der Mangel an Interviews damals tat sein Übriges. Im Großen und Ganzen dreht sich die Story, deren Titel von Neil Postmans Buch „Amusing Ourselves To Death" („Wir amüsieren uns zu Tode", Anm. d. Red.) stammt, um den „Soap Opera State", in dem den Frisuren der Politiker, ihrer Kleidung, ihrem Sexleben und ihrem Auftreten im Fernsehen mehr Aufmerksamkeit geschenkt wird als ihrer Politik. Es gibt Anspielungen auf das Bombardement Libyens durch in England stationierte US-Flieger, auf das Tiananmen-Massaker, terroristische Greueltaten und die Entdeckung von Überresten der ausgestorbenen menschlichen Rasse durch außerirdische Anthropologen.

Das Album war dem Soldaten William Hubbard gewidmet: Dessen Kollege Alf Razzell ist in der Eröffnungsnummer des Albums zu hören, wie er (in einer Fernsehdokumentation) von Hubbards Tod im Ersten Weltkrieg berichtet. Waters griff für den Text wieder zu Listen; sein übelster Fehler war die klischeehafte, sexistische Beschreibung einer chinesischen Dissidentin (seine „yellow rose"). Man hatte den Eindruck, ihr Tod war nur von Belang, weil sie gutaussehend war.

Einige Nummern wurden von Jeff Beck beehrt; Yardbirds-Fans fragten sich, wann Waters mit Jimmy Page ins Studio gehen würde. Zu den bekanntesten Namen auf dem Album gehörten P.P. Arnold, John „Rabbit" Bundrick, Rita Coolidge, N'Dea Davenport, Don Henley, Steve Lukather und Jeff Porcaro. Dazu kam noch eine Menge weiterer Musiker, darunter alte Freunde wie Michael Kamen, Andy Fairweather-Low, Graham Broad, Rick Di Fonzo, B.J. Cole, Katie Kissoon und Doreen Chanter; Guy Pratt lehnte diplomatischerweise die Einladung ab, Bass zu spielen. Überraschenderweise beschränkt sich Waters überwiegend auf die Vocals und spielt nur ganz wenig Bass, akustische Gitarre oder Synthesizer.

Es war ziemlich bitter für Waters, als Bob Ezrin sich aus *Radio K.A.O.S.* zurückzog, um stattdessen an *Momentary Lapse* zu arbeiten, und so formulierte er den Text *„Each man has his price, Bob / and yours was pretty low"*. Patrick Leonard füllte die Lücke (Co-Produzent mit Waters) und steuerte auch das Keyboard bei. Zum Einsatz kamen zahlreiche Studios, u.a. The Billiard Room bei Waters zu Hause in London, Compass Point in Nassau, Abbey Road und acht weitere in London und in den USA.

Nach der Performance von *What God Wants* beim The Guitar Legends Festival in Sevilla und einem Wohltätigkeitskonzert in Amerika verkündete Waters, dass er mit dem Album auf Tour gehen würde, wenn davon 2 Millionen Exemplare verkauft wären. 12 Monate nach seiner Veröffentlichung waren gerade etwas mehr als die Hälfte davon über den Ladentisch gegangen.

Es gab wieder zwei Singles: *What God Wants, Part 1* (Video Edit) (Columbia 658 139) erschien als 7", auf Cassette und auf zwei CDs, wobei die zweite CD in einer Box mit Farbdrucken aus dem Promo-Video steckte. Es gab keine 12"-Ausgabe. Alle Extra-Tracks stammten aus dem Album, ebenso alle Songs auf den verschiedenen Formaten der zweiten Single *The Bravery Of Being Out Of Range* (658 819).

In The Flesh

(Columbia 5011372; in Europa veröffentlicht am 4. Dezember 2000; SACD veröffentlicht am 13. November 2001; DVD & VHS veröffentlicht am 15. April 2002)

Songs: *In The Flesh; The Happiest Days Of Our Lives; Another Brick In The Wall, Part 2; Mother; Get Your Filthy Hands Off My Desert; Southampton Dock; Pigs On The Wing, Part 1; Dogs; Welcome To The Machine; Wish You Were Here; Shine On You Crazy Diamond; Set The Controls For The Heart Of The Sun; Breathe (In The Air); Time; Money; Pros and Cons of Hitch Hiking Part 2 (aka 5:06 a.m. - Every Stranger's Eyes); Perfect Sense Part 1 and Part 2; The Bravery Of Being Out Of Range; It's A Miracle; Amused To Death; Brain Damage; Eclipse; Comfortably Numb; Each Small Candle.*

Acht Jahre nach *Amused To Death* bereiste Roger Waters ohne neues Album, aber mit einer erstklassigen Band die USA für eine 1999 bei vereinzelten Konzerten in Amerika getestete Tour, auf der dieses Livealbum mitgeschnitten wurde. In der Setlist befanden sich auch Songs von den Pink Floyd-Alben *Animals* und *The Final Cut*. Außerdem durften Klassiker aus *Dark Side Of The Moon* und *The Wall* sowie Songs von den Waters-Alben *The Pros And Cons Of Hitchhiking*, *Radio KAOS* und insbesondere *Amused To Death* nicht fehlen. Die letzte Zugabe bestand aus einem im Hinblick auf ein mögliches neues Album viel versprechenden, bisher unveröffentlichten Song namens *Each Small Candle.* 2002 fanden Roger Waters-Konzerte in der Art auch wieder auf europäischem beziehungsweise deutschem Boden statt. Dazu wurde im Vorfeld *In The Flesh* als DVD veröffentlicht. Es vermittelt einen besseren Überblick über das Schaffen von Roger Waters als das folgende *Flickering Flame.*

Flickering Flame

(Columbia 5079062; in Europa veröffentlicht am 29. April 2002)

Songs: *Knockin' On Heaven's Door; Too Much Rope; The Tide Is Turning; Perfect Sense (Part I & II); Three Wishes; 5:06 a.m. (Every Stranger's Eyes); Who Needs Information; Each Small Candle; Flickering Flame (new demo); Towers Of Faith; Radio Waves; Lost Boys Calling (original demo).*

Wie ihr Untertitel *The Solo Years, Volume 1* verrät, deckt *Flickering Flame* als Compilation die Solo-Karriere von Roger Waters zwischen 1984 und 2000 ab, von *The Pros And Cons Of Hitchhiking* bis zu *In The Flesh.* Dazu gesellen sich mit *Towers Of Faith* eine Rarität aus dem Soundtrack zu *When The Wind Blows* sowie mit der Demo-Version von *Lost Boys Calling,* der im Film *The Dybbuk Of The Holy Apple Field* enthaltenen Bob Dylan-Coverversion *Knockin' On Heaven's Door* und dem unspektakulären Titelsong drei vorher unveröffentlichte Songs.

Richard Wright

Wet Dream

(Harvest SHVL 818 Vinyl UK; Sony A24090 CD USA; veröffentlicht am 22. September 1978)

Songs: *Mediterranean C; Against The Odds; Cat Cruise; Summer Elegy; Waves; Holiday; Mad Yannis Dance; Drop In From The Top; Pink's Song; Funky Deux.*

Für sein erstes Solo-Album nahm Richard Wright den Rat von Gilmour an und ging zu Superbear, wo er diese oft unterschätzte, vielleicht etwas einfache Scheibe aufnahm. Begleitet wurde er von den erstklassigen Studio-Musikern Mel Collins (sax), Snowy White (guitar), Larry Steele (bass) und Reg Isadore (drums). Das Cover war von Hipgnosis. Aus dem Album wurden keine Singles ausgekoppelt und Wright gab auch keine Konzerte.

Der Text zu *Pink's Song* (nicht zu *Against The Odds* wie auf der amerikanischen CD angegeben) wurde von Wrights damaliger Frau Juliette geschrieben, die als Juliette Gale bei einer sehr frühen Inkarnation von Pink Floyd, der Band The Abdabs die Sängerin gewesen war.

Nicht alles ist, was es zu sein scheint: Der Song handelt in Wirklichkeit von dem Lehrer ihrer Kinder, der zufällig den Spitznamen des „Stars" von *The Wall* hatte.

Identity (als Zee)

(HARVEST SHSP 24 0101 1, nicht auf CD; veröffentlicht am 9. April 1984)

Songs: *Confusion; Voices; Private Person; Strange Rhythm; Cuts Like A Diamond; By Touching; How Do You Do It; Seems We Were Dreaming; Eyes Of A Gipsy (nur auf MC).*

Nachdem Wright Pink Floyd verlassen hatte, bildete er eine kurzlebige Partnerschaft namens Zee mit Dave Harris, dem früheren

Chef der New Romantic-Band Fashion, bei der Wright die Musik zu den Texten von Harris schrieb. Das Album erinnert viel mehr an Fashion als an Pink Floyd. Es gab wieder keine Live-Konzerte. Dies ist das einzige Solo-Album eines Mitglieds von Pink Floyd, das nicht als CD erschienen ist.

Confusion kam mit *Eyes Of A Gipsy* auf der Rückseite als Single heraus (Harvest HAR 5227). Die 12"-Version brachte noch einen Extended Mix (A-Seite) und eine Dub-Version (B-Seite) (12 HAR 5227).

Broken China

(EMI 724385364525; VERÖFFENTLICHT AM 7. OKTOBER 1996)

Songs: *Breaking Water; Night Of A Thousand Furry Toys; Hidden Fear; Runaway; Unfair Ground; Satellite; Woman Of Custom; Interlude; Black Cloud; Far From The Harbour Wall; Drowning; Reaching For The Rail; Blue Room In Venice; Sweet July; Along The Shoreline; Breakthrough.*

Mit seinem dritten Solo-Album knüpfte Rick Wright weniger an Zee, als vielmehr an alte Pink Floyd-Zeiten an. Dabei wurde er von Anthony Moore, Tim Renwick, Pino Palladino, Manu Katche u.a. unterstützt. Manche halten *Broken China* für typischer nach Pink Floyd klingend als die letzten Alben der Band selbst. Wie *Pulse* wurde es im Q Sound abgemischt. Der Höhepunkt der von einer ruhigen, düsteren Atmosphäre zum Abtauchen durchzogenen Scheibe wartet mit dem letzten Song *Breakthrough* auf, gesungen von Sinead O' Connor, die auch *Reaching For The Rail* ihre Stimme lieh.

Index